海洋资源开发系列丛书
国家重大工程攻关专项课题　国家自然科学基金面上项目
国家工业与信息化项目成果

深水钢悬链立管全尺寸触地段试验及动力响应分析

贾鲁生　余建星　刘鹏飞　刘毅　著

天津大学出版社
TIANJIN UNIVERSITY PRESS

图书在版编目（CIP）数据

深水钢悬链立管全尺寸触地段试验及动力响应分析 / 贾鲁生等著. -- 天津 : 天津大学出版社, 2024. 12.
(海洋资源开发系列丛书). -- ISBN 978-7-5618-7908-5
Ⅰ. U173.9
中国国家版本馆CIP数据核字第20243XN110号

出版发行 天津大学出版社
地　　址 天津市卫津路92号天津大学内（邮编：300072）
电　　话 发行部：022-27403647
网　　址 www.tjupress.com.cn
印　　刷 北京盛通数码印刷有限公司
经　　销 全国各地新华书店
开　　本 787mm×1092mm　1/16
印　　张 8.25
字　　数 196千
版　　次 2024年12月第1版
印　　次 2024年12月第1次
定　　价 59.00元

本书编委会

前　言

工业革命之后,全球工业进入高速发展时期,化石燃料在其中起到了至关重要的作用。随着几百年来世界经济的发展,化石燃料尤其是石油和天然气的需求越来越大,陆地上的油气资源逐渐匮乏。与此同时,新能源的开发还不足以满足工业发展的需求,化石燃料仍然有其不可替代性。人们将视线逐渐转移到海上油气资源的开发中,数据显示,海洋中已知的石油资源约占全球总量的 34%,巨大的海洋石油资源等待着人们的勘探与开发。在深海油气开发中,钢悬链立管(Steel Catenary Riser, SCR)是连接海上浮体与海底管道的通道。在浮体运动与环境荷载作用下,立管在触地段区域与海床反复接触,是应力集中、疲劳损伤严重的关键位置。由于钢悬链立管的几何非线性、管-土接触的复杂性,提高立管动力响应与疲劳损伤预测的准确性仍为亟待突破的重点与难点。

深海立管是现代海上油气工程的“血管”,也是保障海上油气开采顺利进行的关键。本书结合数值分析、理论计算与全尺寸试验,重点研究深海立管-海床相互作用,基于向量式有限元(Vector Form Intrinsic Finite Element, VFIFE)建立钢悬链立管三维数值模型,集成竖向管-土相互作用 *R-Q* 模型。设计、建造钢悬链立管触地段全尺寸试验平台,打破欧美国家技术垄断,解决“卡脖子”问题,并在此基础上开展弯矩与竖向、横向循环位移联合加载试验,研究钢悬链立管动力响应,解析黏土海床支撑与约束作用,分析加载参数与加载顺序对立管响应的影响。对比试验与数值分析结果,进一步验证有限元程序与非线性管-土相互作用模型的准确性。建立横向-竖向耦合非线性管-土相互作用模型,通过模拟管侧土体变形与堆积过程,还原钢悬链立管顶端循环横荡运动下的三维沟槽形成机理、沟槽截面演化过程。结合悬链线与边界层理论,推导刚性海床上立管静态构型及内力分布,分析立管顶端竖向静态位移、触地点处海床坡度变化对立管应力幅值的影响。

本书虽经作者所在课题组多年实践,但限于作者水平和时间因素,书中难免存在疏漏之处,敬请各位专家、读者惠予指正。

目　　录

第 1 章　深水钢悬链立管研究现状

1.1　深水钢悬链立管概述

近年来，伴随着我国经济快速发展，全国能源消费总量不断提升，由此产生的二氧化碳排放量逐年增加。为实现联合国 2030 年可持续发展目标，我国提出了碳达峰与碳中和的战略目标，积极落实生态环境保护工作，减少温室气体排放。相比石油与天然气，煤炭燃烧产生的碳排放量更大、环境污染更为严重。全球平均油气资源消费约占总能源消费的 60%，而我国油气资源利用远低于世界平均水平，如图 1-1 所示。逐步提高我国石油、天然气在总能源消费中的占比，成为实现低碳环保的举措之一。

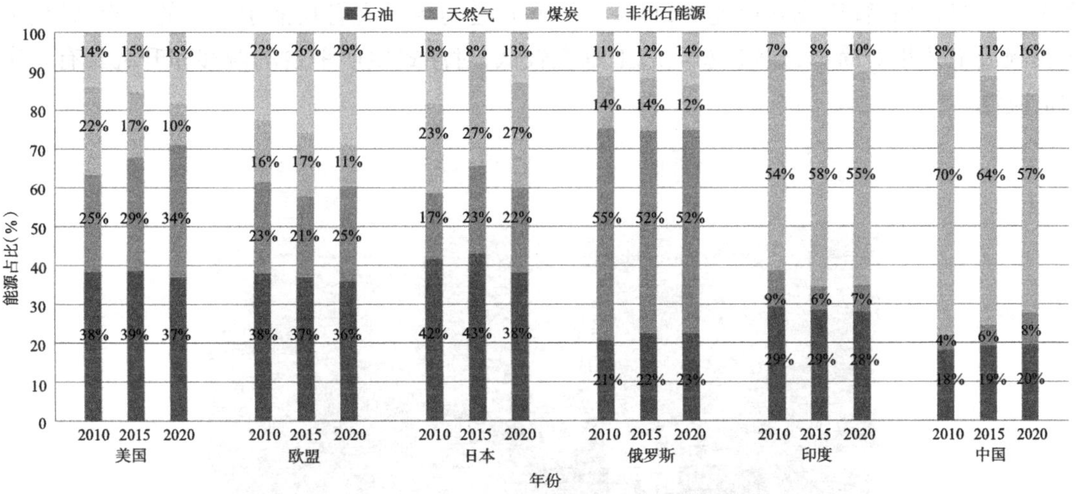

图 1-1　2010—2020 年国际能源结构变化

与逐渐枯竭的陆上油气田相比，我国海洋油气储备极其丰富，在渤海、南海、东海均蕴藏大量资源。其中，我国南海已经成为继墨西哥湾、几内亚湾以及巴西坎帕斯盆地之后的第四个热点区域。南海的待开发原油约 251 亿 t，天然气约 36.5 万亿 m^3，油气总资源相当于全球储量的 12%，约占中国石油总地质资源量的三分之一，具有巨大的开发潜力。但南海约有 50% 的油气资源位于深水区域内，勘探、开采难度较大。目前，我国海上油、气探明率分别为 13% 和 2.5%，远低于世界平均水平 73% 和 60.5%。由于我国海域总体勘探程度相对较低，海洋油气资源开发，特别是深海油气资源的开发，将是我国长期增储上产的重要方向。为此，“十四五”规划指出，要“加快深水、深层和非常规油气资源利用”。向深海领域进军，是我国实现石油工业可持续发展的重要战略举措，也是发展海洋经济、建设海洋强国战略的着力点。

深海油气资源勘探与开采中面临着高温、高压、海上环境复杂、海底地质恶劣等多方面严峻挑战，同时油气采输系统不断向自动化、海底化、工厂化和多功能化方向发展，技术升级与创新速度不断提高，对海洋工程装备提出了更高的要求。为实现更好更快发展，解决开发生产中面临的“卡脖子”问题，我国“十四五”规划指出，要“围绕海洋工程、海洋资源、海洋环境等领域突破一批关键核心技术”。2022 年 6 月，我国首个自营深水大气田“深海一号”的顺利投产，标志着我国海洋油气资源开发由 300 m 向 1 500 m 水深的大幅跨越，也显著缓解了我国天然气资源短缺的难题。目前，墨西哥湾海洋油气开采作业最深已达 3 628 m 水深，中国的海洋工程装备技术与世界最先进技术相比仍然存在一定差距，钻井、完井与水下油气采输系统仍需加强攻关研发，不断提高自主设计、建造与施工水平。

立管是海上油气采输系统中，连接海底井口、管道与海上平台的唯一通道，保证立管的安全可靠性至关重要。钢悬链立管（Steel Catenary Riser，SCR）作为适用于深海环境的立管结构形式之一，自 1994 年安装于墨西哥湾的张力腿平台进行油气采输以来，已在全球范围内应用于多项海洋油气采输工程，也在我国“深海一号”项目中得到了首次尝试，如图 1-2 所示。钢悬链立管由多个标准长度的钢管节焊接而成，顶端与海洋平台通过柔性或应力接头固定，底端与海底管道或井口连接，具备集海底管道与生产立管功能于一体的特点，结构形式及制造工艺相对简单，建造成本、施工难度较低，对浮式生产平台的偏移和升沉具有一定的适应性。

图 1-2 “深海一号”能源站

在深海油气采输中，钢悬链立管受多种荷载联合作用，存在冲击、腐蚀、应力超限、疲劳、结构失稳、材料退化等风险，可能导致立管局部破坏，造成经济损失与环境污染。与其他海域相比，我国南海环境具有波高更高、风速更快、台风频繁、内波显著等特点，导致平台六自由度运动响应更为突出，进而带动立管振动、出现应力波动，使得立管动力响应与疲劳损伤预测成为设计中的重点与难点。立管顶端悬吊点与底端触地段区域是疲劳损伤最为严重的两个关键位置。悬吊点受力明确，疲劳寿命预测准确性较高，同时已有多种方案可靠延长该位置的疲劳寿命。与之相比，触地段（Touchdown Zone）是钢悬链立管受到海床支撑力作用，由悬垂段（Hanging Part）转变为流线平直段（Flowline Part）的过渡区域，具有高度几何非线性，存在曲率大、应力集中且波动显著的特点，立管强度与疲劳评估难度显著提高。同时，海床对立管的约束支撑作用，对触地段区域立管动力响应影响显著。我国南海深水海床由黏土构成，当触地段立管发生循环振动时，土体会在立管向下运动过程中对立管提供支撑力，而在立管抬升过程中产生吸力，造成海床作用力-立管位移曲线的非线性；加之土体受到扰动，会出现变形、退化等现象，海床形状、土体强度与刚度随之变化，导致设计过程中难以准确还原管-土相互作用关系，影响计算结果的可靠度。此外，立管触地段受浮式平台高频与低频运动影响，位置变化显著，触地区域范围较长，通过采用大量钛合金管节提升该区段寿命所需成本较高，且与普通管节连接需要特殊的方案，难以成为改善立管疲劳性能的主要技术手段。因此，在设计阶段，还原管-土相互作用关系及海床变形，准确模拟立管动力响应，是进行钢悬链立管选型、确保结构安全的基础。

目前，立管设计多基于弹性与刚性海床模拟竖向管-土相互作用，与钢悬链立管真实受力存在一定的偏差，计算结果准确性有待提高。尽管国外部分商业软件（如 OrcaFlex）集成了竖向非线性管-土相互作用，可还原土体强度弱化与土体吸力作用，但仍有必要基于数值分析理论，结合非线性管-土相互作用模型，自主研发钢悬链立管分析计算程序，并通过立管触地段全尺寸试验加以验证，为我国钢悬链立管分析提供可靠依据。

受上部浮体六自由度运动及环境荷载影响，触地段区域立管同样存在横向-竖向耦合运动，导致土体被逐步刮离原位置，立管与海床接触关系更为复杂。现有简化的横向管-土摩擦模型尚无法模拟该过程，海床作用力及变形后海床对立管内力响应的影响难以准确评估。提出可考虑加载历程的非线性横向-竖向耦合管-土相互作用模型，对还原海床变形、提高立管分析准确性，具有重要价值。

在钢悬链立管投产阶段，海床会在数月内因立管扰动产生勺形剖面、钟口形平面的沟槽，且沟槽深度与宽度最大能分别达到 4.5 倍与 10 倍立管外径。海床形状改变会引起海床支撑力分布变化，与平海床条件相比立管受力有所差别。针对沟槽形状难以预测的问题，多位学者通过公式拟合的方法提出简化模型，但可能存在沟槽与立管构型不匹配的问题，导致沟槽对立管疲劳寿命的影响仍存在争论。此外，上述模型均未考虑浮体静态漂移及低频纵荡运动对沟槽形状的影响，引入不同沟槽后，立管内力分布、疲劳损伤差别有待评估。

1.2　钢悬链立管分析模型建立研究现状

现有钢悬链立管分析方法可分为理论解法、有限差分法、集中质量法与有限元法四种。在钢悬链立管的理论分析中，因立管长径比值较大，可基于悬链线方程，以立管顶端、底端锚固点为边界条件，计算立管在自重、浮力荷载下的静态构型。然而，传统理论解法基于柔性索理论推导得出，假定立管不受外部海流、波浪荷载，且忽略了结构刚度与海床支撑力，在立管触地点位置存在曲率不连续问题，计算结果与立管真实受力存在较大差别。为提高计算准确性，Aranha 等与 Pesce 等提出边界层理论，在触地段区域考虑立管自身刚度，保证该区域立管曲率平滑过渡至直线段；在此基础上，Shiri 和 Hashemi 以及 Quéau 等进一步将弹性海床模型集成至理论公式中，提高结果准确性。尽管上述理论解可得到较为准确的立管静态内力分布，但难以还原钢悬链立管在浮体六自由度运动及环境荷载下的动力响应，无法用于立管极限强度校核及疲劳计算。

在理论解的指导下，用于钢悬链立管静力与动力计算的各类数值计算方法不断涌现，模型精细化程度、计算效率与结果准确性也在持续提升。有限差分法（Finite Difference Method）将立管在空间中离散，考虑外部荷载作用及立管自身刚度，以偏微分方程组作为控制方程，高效求解具有几何非线性的立管静态构型。基于 Keller Box 有限差分技术，Chatjigeorgiou 将二维钢悬链立管在频域与时域进行耦合离散，开展立管动态分析。由于迭代计算过程是无条件稳定的，故有限差分法收敛速度较数值分析软件 RIFLEX 更快，且二者结果基本吻合。Chatjigeorgiou 将钢悬链立管有限差分动态模型与管内稳态段塞流模型结合，进行频域求解，研究段塞流参数沿管长的分布，及其对立管内力分布的影响。根据立管贯入海床时的荷载-位移曲线，Katifeoglou 与 Chatjigeorgiou 拟合出不同海床沟槽截面及土体参数下的竖向管-土相互作用线性关系，并对立管动力响应进行比较分析。Chatjigeorgiou 将计算程序进一步优化，实现钢悬链立管在三维空间内的计算，研究立管内部流体及不同海床刚度对结果的影响。但在上述模型中，均未考虑立管-海床的非线性相互作用关系，触地段区域立管内力响应的准确性有待进一步提高。

此外，有限差分法在求解过程中，需同时在空间与时间中进行离散，求解方法及计算过程较为复杂，且在处理复杂边界条件时易出现数值不稳定问题。相比之下，集中质量法与有限元法在求解钢悬链立管相关问题上具有明显的优势。集中质量法将立管离散为空间中的质量点由线弹簧与阻尼器相连，可通过显式或隐式计算方法求解，具有形式简单、计算高效等优点，已作为商业软件 OrcaFlex 的内核。利用该软件，Elosta 等结合竖向非线性管-土相互作用模型及横向三折线管-土模型，分析了钢悬链立管在浮体偏移、百年一遇波浪荷载和十年一遇海流荷载下的内力与疲劳响应。在触地段区域，立管由于轴向拉力较低，在波浪以及浮体运动下易发生扭转失稳。贾纪川等利用 OrcaFlex 软件就多种不规则海床形状对钢悬链立管成环的影响进行分析，确定斜坡与沟槽更易引起立管屈曲。针对长期服役下，立管触地段区域疲劳损伤不断累积的问题，Ogbeifun 等提出一种通过浮体偏移以减轻立管疲劳损伤的策略。集中质量法还可用于立管铺设全过程模拟，验算立管极限应力。OrcaFlex 软件虽已集成竖向非线性管-土相互作用 R-Q 模型，较弹性与刚性海床计算结果精度更高，但软件扩展性受限，集成其他竖向与横向管-土相互作用模型的难度较高。

有限元法作为一种更常用的数值分析技术，在处理复杂的立管构型和边界条件方面具有突出的优势。随着求解策略及单元种类不断创新与丰富，有限元法得到了长足的发展，不同方法在立管研究中各有特点。为解决应用欧拉-伯努利梁分析结构大变形弯曲过程中，无法同时计算梁单元轴向伸缩的问题，McNamara 等提出混合梁单元模型，将轴向力单独插值，并通过拉格朗日约束与轴向位移建立方程求解，完成柔性立管的静、动力计算。为更高效进行立管静力学分析，Trapper 等与 Gu 等基于最小势能原理，分别求解悬链线构型立管、缓波型立管与自由站立式立管静态构型与内力分布。该方法还可用于求解钢悬链立管不同静态构型对应的最小顶端拉力，并得到与最优化分析一致的结果。该方法虽具有无须建立局部坐标系与单元形函数的优点，但必须基于弹性海床的假定求解，且无法开展立管动态及疲劳分析。

为便于处理单元旋转问题，Neto 等利用几何精确梁模型建立钢悬链立管三维模型，确定立管静态构型，并开展扭转屈曲分析与浮体运动下的立管动力响应模拟。在此基础上，Neto 等提出滑动与滚动摩擦的立管-海床接触模型，开展立管平面外受力分析。结果表明，不同摩擦系数可显著影响触地段区域立管有效拉力与扭矩的分布。然而，几何精确梁模型在应用过程中仍受到一定限制：一是在有限转角插值过程中，可能出现与框架无关而与路径有关的单元；二是在节点坐标系下应用有限转动，可能引起剪切自锁现象。为避免上述问题，Chai 和 Varyani 利用绝对坐标公式对三维钢悬链立管进行模拟，并发现引入管-土摩擦后，立管触地点位置显著向底端锚点偏移。大挠度细长杆模型（Slender Rod Model）同样可用于求解立管高度几何非线性问题，并已在立管动态分析中得到了广泛应用。基于该模型，白兴兰教授与郭海燕教授开展一系列立管动力学分析，明确浮体顶端运动、管内流体密度与流速、水动力系数、海床刚度、吸力及非线性土体参数对立管应力、弯矩的影响。

上述有限元法计算结果准确性与精度较高，但建模和求解过程相对复杂。相比之下，刚性有限元（Rigid Finite Element Method）与共转梁单元（Co-rotational Beam Element）模型在钢悬链立管模拟中进行了一定简化。在刚性有限元法中，立管被划分为刚性梁单元，仅发生位移而无变形；相邻梁单元通过弹簧-阻尼单元连接，各单元轴向位移通过梁单元中央轴向弹簧变形模拟。而对于共转梁单元模型，首先通过极坐标分解，将梁单元两端点位移分解为刚体位移与变形，其后通过坐标转换将整体坐标系下的变形转换至局部坐标系，再基于线性梁理论，由各单元变形确定立管内力。Antonio 等与 Vásquez 等分别将 Kerr 型海床和段塞流集成至共转梁单元模型，对钢悬链立管静态构型及动力响应进行分析计算。

为同时实现处理复杂非线性、简化建模与计算过程、提高精度的目标，Ting 等提出向量式有限元（Vector Form Intrinsic Finite Element，VFIFE）模拟方法，可分别利用梁、壳、实体单元（或多种类型单元组合），模拟不同类型结构，开展静态、动态与热力学分析。与集中质量法相似，向量式有限元法同样使用质点对结构进行离散，粒子的质量等于被取代部分结构的质量。在外部荷载与内力不平衡的情况下，粒子运动可通过牛顿定律计算。质量为零的梁单元将相邻质点相连，并传递结构内力；而内力根据梁单元的局部变形计算得出。与共转梁单元不同，向量式有限元首先求解单元总位移，其后基于逆向运动的方法来剔除刚体运动，得到单元纯变形。与其他有限元方法的另一个差别在于，向量式有限元法无须组集全局刚度矩阵，而是对每个质点求解运动方程。同时，方程采用差分法计算，各分析步内无须进行迭代。因此，向量式有限元分析更容易收敛，可以处理高度非线性的动力问题，也可模拟元件断裂失效过程。

在海洋立管研究方面，李效民等采用向量式有限元方法对二维顶张式立管和两端固定的悬吊立管进行静力学分析，与传统有限元计算结果相吻合。通过扩展节点自由度，李效民提出三维梁单元，计算钢悬链立管和缓波型立管的静态构型，并开展悬链线立管在不同角度入射流下的涡激振动分析。以顶张式立管作为分析对象，Wu 等、Li 等与 Gu 等也分别就浮体运动、涡激振动及立管间相互干涉碰撞开展研究工作。但截至目前，尚无研究将横向、竖向非线性管-土相互作用与向量式有限元技术相结合，探讨其在钢悬链立管动态分析中的可行性。

1.3 非线性管土作用研究现状

在钢悬链立管数值分析中，海床对立管的支撑力是影响立管内力分布及疲劳损伤的关键因素，准确模拟管-土相互作用关系极为重要。尽管采用实体单元模拟立管与海床相互接触，可以更为直观地确定各截面处海床变形与应力分布，但其计算量过大，难以成为深海钢悬链立管整体设计中的首选方案。为兼顾计算效率与准确性，目前研究将立管触地段的梁单元节点通过弹簧与海床相连接，以弹簧变形产生的作用力模拟海床对立管单位长度管节的约束效应。此时，模拟管-土相互作用的重点在于确定土弹簧的荷载-位移曲线（*P-y* 曲线）。

在浮体六自由度运动下，触地段立管会与海床发生竖向、横向与轴向循环接触。对于深水黏土海床，当立管初次竖向贯入海床时，土体对立管的支撑力和其贯入深度的关系已呈明显非线性。而在竖向循环加载中，立管的抬升及再贯入过程，会导致黏土受到扰动并引起水土混合，造成土体强度与刚度退化，进一步提高管-土相互作用非线性程度。立管横向运动则会使得土体发生明显变形并向两侧堆积，海床沟槽不断加深。由于管-土-水相互作用过程复杂、土体受力机理不明确，国内外学者开展局部立管管段（简称为管段）与黏土海床循环接触试验，为管-土相互作用公式拟合提供基础。

针对竖向管-土相互作用问题，Aubeny 等和 Langford 以力或位移作为加载的控制条件，分别基于高岭土与高塑性黏土，开展局部管段竖向循环贯入土体的模型试验。结果显示，在管段抬升过程中，受到土体的吸力作用；循环加载引起土体扰动，使卸载刚度与重加载刚度随循环次数增加而不断降低。通过对管段施加固定竖向循环位移，Hodder 等发现因黏土海床变形而引起的土体浮力在总作用力中占有很大比例；而随循环次数增加，土体抗剪强度不断降低，在土体接近完全重塑状态后，*P-y* 曲线趋于稳定。为明确黏土固结影响，Langford 等与 Hodder 等在各组循环之间暂停一段时间，对比固结前后管段贯入位移-土体阻力曲线差异。研究表明，以位移控制加载时设置间隔期，可使土体强度、刚度均有所提升；而以较小的力控制加载时设置间隔期，黏土固结现象不显著。此外，Clukey 等以 T-bar 代替模型管段，进行竖向循环加载试验研究。结果表明，T-bar 试验与管段试验测得曲线割线刚度基本一致；尽管黏土固结会使得刚度有所提高，但后续循环加载导致的刚度下降更为显著。Hu 等开展离心机试验，进一步研究管段竖向循环贯入土体过程中超孔隙水压变化情况，并对土体强度、加载速率、加载方式的影响进行分析。

在横向管-土相互作用加载试验中，通常先对管段施加恒定的竖向力或位移，其后进行循环横向扫掠，观测黏土变形及其对管段的作用力。当力一定时，横向循环位移会导致管段埋深逐渐增加，且埋深增量与横向位移幅值呈正相关，因此，立管横向运动也是海床沟槽不断加宽、加深的主要原因之一。White 等以及 Cheuk 等将单次管段横向运动过程分为四个阶段：管段从初始位置开始运动的“突破（Breakout）阶段”；管段背侧与土体分离，孔隙水压释放，土体阻力降低的“分离阶段”；管前隆起的土堆（Active Berm）不断被管段推动向前运动并逐渐积累，引起土体阻力持续增加的“土堆累计阶段”；以及土堆与前期循环形成的静态土堆（Dormant Berm）合并后，提供更高阻力的“静态土堆阻力阶段”。在此过程中，管段竖向位置变化及隆起土堆体积受管段“归一化重量”影响显著。当归一化重量较小，管段定义为“轻管”，在横向循环运动时，管段沿水平或斜向上运动；与之相反，“重管”在循环加载中埋深逐渐增大，且土体阻力随横向位移增长显著。在此基础上，Orozco 等通过试验，研究了管段横向循环加载对黏土横向刚度的影响。结果表明，随循环次数增加，土体刚度有所下降；而土体横向刚度随管段竖向重量增大而提高。由于隆起土堆引起的阻力在管段横向受力中占比显著，Rismanchian 等和 Oliphant 等分别就正在堆积的土堆与静态土堆对管段作用力的影响进行分析，并提出拟合的计算方法。

根据试验过程中土体变形情况，Murff 等、Einav 和 Randolph 以及 Aubeny 等学者将管段附近土体分区，假定各区块土体变形与破坏机理，基于经典塑性理论模型（上下限法）推导得出黏土海床对立管的竖向支撑力。其中，Aubeny 等结合理论与有限元分析结果，将立管初次贯入海床时的位移-阻力关系拟合为幂函数方程，并被 Randolph 和 Quiggin 非线性管-土相互作用模型（简称 R-Q 模型）采用。高福平教授等也将滑移线场理论由平面基础扩展至曲面基础，确定立管附近受扰动土体区域，推导海床对土体的竖向支撑力。针对浅埋立管，Cheuk 等与 Randolph 和 White 分别根据扇形破坏机理与 Martine 破坏机理推导出立管发生横向运动时的土体阻力。上述理论计算虽难以模拟土体隆起变形对管段阻力的影响，同时无法考虑土体弱化，但仍为更精准的横向、竖向管-土相互作用模型提供了可靠基础。

在试验与理论模型的指导下，多位学者开发出竖向非线性管-土相互作用模型，可还原加载过程中的荷载-位移滞回曲线，模拟土体吸力、强度刚度退化等现象，并已用于钢悬链立管动态模拟分析。其中，Randolph 和 Quiggin 提出的 R-Q 模型以及 Aubeny 和 Biscontin 提出的 A-B 模型应用最为广泛，且不断有学者在此基础上改进提升。R-Q 模型以 Aubeny 等完成的局部管-土相互作用试验为基础，利用双曲函数对立管抬升、再次贯入过程中土体阻力与立管埋深间的关系进行拟合；通过在立管循环运动过程中对土体阻力进行折减，重现土体弱化、立管埋深不断增加的现象。Elosta 等、林志远等分别利用 OrcaFlex 软件与细长杆模型开展考虑管-土非线性相互作用下的钢悬链动力计算，研究不同土体刚度、吸力系数及 R-Q 模型参数对立管疲劳损伤的影响。Shiri、郑孟添等基于 ABAQUS 软件建立钢悬链立管有限元模型，以 R-Q 模型作为弹簧单元的位移-作用力关系编写自定义单元子程序（UEL Subroutine），并利用该弹簧连接海床与触地段区域立管，进行不同波浪序列下的对比分析。结果表明，土体刚度与吸力增加会使立管疲劳损伤更为严重；先施加平缓海况，再施加恶劣海况，会使立管应力循环幅值比加载序列颠倒的情况更高。在此基础上，Liu 等研究发现，相较于强度和深度呈线性关系的土体模型，黏土强度随深度呈双线性关系会使立管贯入土体深度增加、应力水平提高。Yuan 等采用 R-Q 土体模型开展钢悬链立管动力计算，发现在极端海况下，同时考虑涡激振动会使立管振幅提高、疲劳损伤加重。

A-B 模型则利用双曲函数及三次多项式函数，定义了闭合边界滞回曲线（Bounding Loop）。当立管最大贯入深度仍在该曲线内顶点以内时，以双曲函数计算立管抬升与重加载过程的土体阻力；若立管继续贯入，则在卸载时更新边界曲线。白兴兰教授等与 Akula 等分别将该土体模型集成至细长杆模型计算程序与 ABAQUS 软件，并进行动力计算。但 A-B 模型无法考虑立管与海床反复接触过程中，黏土强度、刚度不断退化的现象。为解决该问题，You 等将“闭环”边界曲线改进为“开环”曲线，以累计变形量对土体刚度进行折减，可模拟土体在立管循环运动下的退化过程。Nakhaee 与 Zhang 采用考虑退化的 A-B 模型，计算在浮体运动下，钢悬链立管触地段区域沟槽的逐步加深过程及立管弯矩的变化趋势。Chen 等进一步利用循环次数对土体强度进行折减，得到了弱化 A-B 土体模型。与 R-Q 模型及 A-B 模型相比，采用新黏土模型后，钢悬链立管触地段埋深增大、最大疲劳损伤显著降低。

在上述研究的基础上，Zargar 等提出新型非线性管-土相互作用模型，以统一的双曲-指数公式模拟立管抬升、再次贯入时的土体阻力，并基于能量耗散的公式计算循环加载中的土体退化。在以上计算模型中，各阶段土体阻力计算公式相对复杂，为此，Wang 等将卸载、再次贯入过程的土体阻力简化为与立管埋深线性相关，同时仍可模拟土体吸力与退化。Hejazi 和 Kimiaei 基于立管最大疲劳寿命相等的原则，提出采用等效弹性海床刚度替代非线性海床模型，使得设计过程进一步简化，其可靠性也在不规则海况下的对比分析中得到验证。与之相似，Rokni 和 Shiri 提出采用等效浮体运动的方案，用于计算立管在刚性海床下的疲劳损伤，以达到与常规分析结果相近的目标。

在立管-海床相互作用过程中，土体在受到扰动重塑、性质退化后，也会因固结而使得强度有所恢复，但上述研究中尚无法模拟该现象。Hodder 等首先基于有效应力方法，对土体进行一维离散，模拟了加载时黏土中超孔隙水压累计、固结期间逐步消散的过程，并将黏土强度与实时竖向有效应力建立联系，对 T-bar 循环运动下土体阻力的波动进行准确还原。其后，Zhou 等对计算公式进行修正，建立超孔隙水压与土体累积剪切应变的方程，并提出在持续稳定荷载（Maintained Load）下超孔隙水压随时间的变化规律，对 T-bar 及桩靴贯入土体的过程进行模拟。在此基础上，Zhang 等提出土体刚度与强度的对应关系，计算立管竖向循环运动下，考虑固结影响的海床刚度变化情况，其结果与试验数据趋势一致。尽管有效应力法可准确还原土体在全加载周期过程中的强度、刚度变化，但立管触地段土体变形与沟槽形成时间长，所需计算量大且相对复杂，目前尚未在钢悬链立管整体分析中得到广泛应用。

尽管横向管-土相互作用对钢悬链立管疲劳损伤影响相对较小，但立管平面外运动可引起海床变形，不断拓宽沟槽，并使得立管埋深进一步增大。目前常用的横向土体模型可分为塑性模型和摩擦模型两类。在塑性模型中，单位长度的管-土接触系统被视为一个宏单元（Macroelement），其位移与作用力的关系通过弹性响应、屈服面、硬化准则与流动准则加以定义。与材料塑性模型不同，土体塑性模型的屈服面定义于横向-竖向荷载空间，由此可计算管段沿任意方向运动时的土体阻力。相比摩擦模型，塑性模型将土体非线性与结构数值分析有效融合,计算方法更为合理、准确性更高。为考虑管-土循环接触影响,多位学者已利用边界面模型(Bounding-Surface Model)与随动强化模型(Kinematic-Hardening Model)对弹塑性土体模型(Elastoplastic Model)进行升级。塑性模型中的公式及相关参数,还可基于试验与有限元分析进行拟合,进一步提高模型的可靠性。Dong 和 Sun 利用 ABAQUS 软件,对采用塑性土体模型的钢悬链立管开展时域计算,并与弹性海床模型加以对比。结果表明,塑性土体模型使得立管竖向疲劳损伤显著降低。然而,该模型的局限性在于不适用于结构大变形分析计算。塑性模型首先假定屈服面在整个计算过程中保持相似的椭圆形。然而,当管段横向移动时,屈服面形状可能会发生显著变化。此外,该模型没有考虑在管段运动过程中,土体发生变形而隆起堆积的现象。因此,塑性模型可以准确预测钢悬链立管和管道发生小幅运动时的动力响应,但不适用于计算沟槽的形成。

相比之下,横向管-土摩擦模型可用于分析大变形问题,而库伦模型则是其中最为简单、常用的模型之一。库伦摩擦系数定义为土体横向水平阻力与管段竖向荷载的比值,在工程中取值为 0.2~0.8。Sancio 等与尤岩岩等利用库伦模型模拟立管-海床横向接触,发现立管平面外运动对立管疲劳损伤影响极小,然而采用不同的摩擦模型仍可影响立管横向位移与平面外内力分布。由于采用库伦摩擦模型难以准确计算海床横向作用力,多位学者对模型进行修正,考虑管段埋深对海床作用力的提升作用。基于美国天然气协会(American Gas Association, AGA)开展的管-土相互作用试验结果,Brennodden 等将海床横向作用力分解为摩擦力以及与埋深相关的阻力,并认为管道埋深与横向运动过程中的能量耗散相关;Verley 和 Lund 认为管段突破阻力与海床摩擦以及管段初始埋深相关,提出拟合计算公式。当管道横向位移较大时,海床对管段的横向作用力逐渐趋近于定值,称之为横向残余阻力。将零点、突破阻力点、残余阻力起始点相连,形成三折线模型。Elosta 等对钢悬链立管施加垂直于平面的波浪、海流荷载,对比采用三折线横向管-土相互作用模型与库伦模型时立管的运动响应。结果表明采用三折线模型会使触地段区域立管位移幅值增大,而有效拉力下降速度放缓、沟槽深度变浅。为将摩擦模型中的分段方程用统一公式代替,Zeng 和 Duan 采用五次方多项式函数, Zhang 和 Soares 将三折线模型与双曲线模型结合,提出新型摩擦土体模型,保证土体阻力-管段位移曲线平滑。但上述摩擦模型的计算公式以立管或管道的初始位置为原点对称,且无法考虑立管实时埋深及土体隆起堆积的影响,难以准确模拟立管平面外循环运动过程中的土体横向阻力。

1.4 钢悬链立管模型试验研究现状

尽管工程中的钢悬链立管实时监测数据分析是进行结构动力响应评估、数值分析结果对比的最可靠方案,但传感器在立管上的布置相对集中、受干扰因素较多,使得数据采集、提取与分析难度提高。模型试验作为一种有效代替手段,成为验证上述钢悬链立管数值分析、管-土相互作用模型准确性的方法。在深水环境钢制立管联合工业计划(STRIDE Ⅲ JIP)中, 2H Offshore Engineering 公司首先在英国港口开展 110 m 长的大比尺钢悬链立管模型试验研究，分析了浮体运动、浮体平面内外漂移、不同沟槽形状等对立管内力响应的影响，为后续研究提供基础。尽管该港口试验数据采集更为全面、可信度高，但单次试验的成本相当高，且环境荷载（如潮汐等）无法人为干预或详细记录，影响试验结果准确性。

相比之下，钢悬链立管室内试验成本更低、试验测量数据更可靠。室内试验可根据试验目标与测试技术分为小比尺立管整体试验（Small-Scale Global Test）、缩比立管截断模型试验（Reduced-Scale Cut-Off Model Test）与离心机试验（Centrifuge Test）。在小比尺立管整体试验中，白兴兰教授采用硅胶管代替整根钢悬链立管，用干泡沫、湿泡沫、玻璃模拟不同刚度海床。在试验过程中，对立管顶端施加竖向、水平向位移荷载，利用摄像机获取立管动态位移，所得试验结果与基于 Cable 3D 的有限元分析结果基本吻合。该试验可准确还原钢悬链立管整体动力响应，但立管与黏土或砂土海床的相互作用过于简化，难以还原触地段区域海床非线性支撑力及立管内力分布。

在缩比立管截断模型试验中，钢悬链立管于海床上方截断，取触地段部分作为研究对象，并以截断点作为加载端施加位移荷载。由于模型立管较港口试验长度明显缩短，如使用钢管则难以保证在自重下出现明显弯曲，因此此类试验多采用 PVC 和 PE 等刚度较低的塑料管，并在模型立管内放置以钢绞线连接的圆柱形铁块，增大自重的同时不影响立管刚度。模型立管通过铰接与加载装置和尾端支座连接。Wang 等与 Hodder 和 Byrne 分别选用黏土和砂土作为海床，对浮体垂荡运动下截断立管的动力响应进行分析。试验结果显示，循环加载过程中，触地段立管在黏土海床中的埋深不断增加，而在砂土海床中的埋深增加不明显；在加载初期，立管与黏土海床反复接触会引起超孔隙水压波动，并不断累积。Wang 等继续对模型立管施加平面外循环位移荷载。加载过程中黏土海床受到扰动，使得沟槽深度、宽度不断增加，其形状俯视为钟口形、剖面为勺形，与现场观测结果一致。此外，在横向加载结束后再进行平面内竖向加载，立管埋深并未显著增加。Dai 和 Zhou 将盛土箱固定在振动台上，以模拟地震荷载，研究触地段区域钢悬链立管的动态应变时程，以及波形与地面峰值加速度的关系。Zhao 等尝试采用小直径钢管开展截断模型试验，结果显示模型立管高频振动明显。

与缩比立管试验相似，离心机试验同样取截断点下方立管进行试验研究，但由于离心机可产生较高的加速度，根据相似性准则，选用小尺寸钢管即可还原全尺寸立管的物理性质。此外，离心机可加速试验黏土固结，缩短土体制备时间。为验证离心机试验的可行性，Bhattacharyya 等利用 ABAQUS 软件对比整体与截断钢悬链立管数值计算结果，确定离心机中立管截断点荷载施加方案，同时明确截断立管模型可用于研究触地区域管-土相互作用。与缩比立管截断模型相比，离心机试验设备更为复杂，对安全性和精度要求更高。Elliott 等、Clukey 等着重开展离心机内部加载系统、数据采集系统及尾端固定系统的设计工作。根据离心机试验结果，Barrett 等验证了 A-B 管-土相互作用模型在钢悬链立管数值计算中的准确性，但由于无法考虑土体性质退化，使得有限元计算所得立管弯矩略高。在立管截断点同时施加纵荡（Surge）、垂荡（Heave）循环位移时，Elliott 等观测随海床沟槽不断加深，立管截断点拉力有所增大，但疲劳损伤降低。Clukey 等则选用不同黏土种类、加载次序、土体表面强度开展试验研究，分析各参数对立管疲劳损伤的影响，并与基于弹性海床的立管数值计算结果进行对比。

尽管上述学者为钢悬链立管触地段室内试验做出大量贡献，使得模型立管更接近工程立管受力状态，试验准确性不断提高，但现有的模型试验仍然存在一定的局限性。首先，现有试验尚无法对立管截断点施加弯矩荷载。对于钢悬链立管，弯矩会自顶端沿立管弧长不断增大，并在触地点附近达到峰值，而立管截断点正位于弯矩水平较高的区域，忽略弯矩荷载难以反映触地段区域内立管的变形和应力状态。因此，如果在试验中考虑弯矩荷载，结果将更加准确。其次，缩比立管截断模型试验选用的塑料立管力学特性与钢制立管存在一定差异，管-土刚度比有所降低。因此，有必要研制新型钢悬链立管触地段试验平台，采用全尺寸或大比尺钢管作为模型立管，对截断点施加弯矩与循环位移荷载，分析立管受力与土体变形过程，验证数值分析程序与管-土相互作用模型。

1.5　海床沟槽模拟及其对钢悬链立管的影响研究现状

根据钢悬链立管现场勘测与模型试验可知，立管竖向、横向循环运动引起土体弱化、变形，逐步形成海床沟槽。海床形状变化也会改变土体对立管的支撑力分布，与初始平海床条件下触地段区域立管受力存在差异，进而影响立管动力响应与疲劳损伤。然而，勘测结果尚无法给出可以描述沟槽三维形状的具体数据或公式。此外，立管在投产数月后沟槽发育稳定，而立管有限元模型难以进行如此长时间的计算。即使采用考虑弱化的海床土体模型，当循环加载达到一定次数后，模拟得到的沟槽也逐渐稳定，且最大深度小于勘测深度。因此，多位学者提出沟槽拟合公式，以修改海床剖面形状，分析沟槽影响。

Langer 等首先采用圆弧拟合沟嘴（Trench Mouth，靠近立管悬吊部分）、七阶多项式拟合沟尾（Trench Tail，靠近立管平直部分）；Aubeny 和 Biscontin 等则利用三次多项式拟合整个沟槽，由 Li 和 Low 补充了该公式中沟槽长度与立管外径的关系。除此之外，基于二次指数函数、对数正态分布函数的沟槽模型也已用于开展立管动力学分析。在引入沟槽前，首先应确定沟槽长度及位置，保证立管与海床形状匹配。Wang 和 Low 提出“触地点位置介于沟槽首尾两端点之间”及“自触地点至沟槽尾端点立管与沟槽紧密贴合”两点原则，通过迭代的方法求解得到沟槽最小长度及其位置，并拟合出简化计算公式。然而，庄肃然等发现采用该方法引入沟槽后，仍可能导致立管在沟槽尾端与立管锚固点之间与海床分离。因此，庄肃然等修改第二点原则为“自触地点至锚固点立管与沟槽紧密贴合”，计算准确性有所提升。

尽管使用数学公式拟合沟槽形状具有快速、简便的优点，但沟槽表达式仍可能与钢悬链立管构型存在局部不匹配现象，导致立管局部应力集中，疲劳损伤增大，计算结果有误。为解决该问题，Sharma 和 Aubeny 以及 Shiri 等在修改管-土相互作用模型参数后进行循环加载，使得土体在较短时间内发生大变形，形成深度为 3~5 倍立管直径的沟槽。Randolph 等结合循环加载与线性插值，提出阶梯形海床沟槽（Stepped Seabed）构造方法，并与 Langner 等以及 Shiri 和 Randolph 提出的沟槽剖面形状相对比。然而，无论采用数学公式还是循环加载，研究人员就沟槽是否可以缓解立管疲劳损伤仍持有不同意见，其中 Giertsen 等、Leira 等以及 Shiri 等认为沟槽可增大立管应力幅值、降低疲劳寿命，而其他学者观点与之相悖。

为探究其原因，Dong 和 Shiri 首先对循环加载时所用土体 R-Q 模型进行深入剖析。由于采用 R-Q 模型计算无法直接显示沟槽剖面形状，因此在利用非常规土体参数使立管达到目标最大深度（即沟槽目标深度）后，将土体参数改为正常值，再进行疲劳损伤计算。但此时立管较平海床条件埋深显著增加，使其循环运动过程中土体吸力增大、持续距离更长，管-土相互作用仍受到沟槽演化期间土体变形历史影响。上述原因可能导致立管疲劳损伤增大。Shiri 等则将沟槽简化为三折线，即倾斜的沟嘴、沟尾与平直的沟底，基于理论公式判断各斜坡倾角对立管受力与疲劳的影响，并据此对现有研究结果进行重新评估。

尽管上述研究为明确海床沟槽对触地段立管疲劳损伤的影响做出重大贡献，但在立管沟槽形成上，仅考虑了波浪及浮体垂荡运动。现场勘测显示，位于墨西哥湾 1 300 m 水深处的钢悬链立管触地点纵向移动范围可达 34 m，远大于立管在顶端垂荡运动下的偏移距离。这表明浮体静态漂移与低频运动同样可以影响沟槽长度及形状。Li 和 Low 的计算结果显示，在立管顶端同时施加波频和低频位移荷载，可导致沟槽长度增加，但深度变浅。Rezazadeh 等则在沟槽形成期间先后施加浮体低频纵荡运动与垂荡运动，对比不同顶端运动对沟槽形状及立管疲劳损伤的影响。计算结果显示，沟槽与位移循环施加顺序相关，且不再为平滑匀形，沟槽不规则可导致立管出现不可预期的严重损伤。然而，Rezazadeh 等在模拟沟槽时，将浮体纵荡运动与垂荡运动解耦、依次施加，而实际海况中两者同时存在；此外，模拟中仍未避免 Dong 和 Shiri 提出的 R-Q 土体模型相关问题。因此，有必要对浮体纵向偏移与垂荡运动组合下形成的海床沟槽形状进行模拟，并在立管疲劳计算中提出新型沟槽引入方法，避免吸力过大等问题，准确分析沟槽形状影响。

本章部分图例

说明：为了方便读者直观地查看彩色图例，此处节选了书中的部分内容进行展示。页面左侧的页码，为您标注了对应内容在书中出现的位置。

第 2 章　基于向量式有限元方法的钢悬链立管分析模型建立

准确计算深海钢悬链立管动力响应是开展设计、分析工作的基础。该问题求解涉及立管几何非线性与立管-海床相互作用非线性，对分析程序提出更高的要求。随着有限元技术的不断创新，现已有多种方法可以准确计算立管响应。其中，向量式有限元方法（Vector Form Intrinsic Finite Element，VFIFE）作为新型高效求解手段，具有无须组集刚度矩阵、便于定义复杂模型与荷载等优点，已用于确定钢悬链立管静态构型，但仍需拓展 VFIFE 在钢悬链立管动态分析中的应用。

本章的主要目标是基于 VFIFE 建立钢悬链立管三维数值模型，将竖向管-土相互作用 R-Q 模型集成至立管有限元程序中，开展动力计算并与商业软件 OrcaFlex 的结果进行对比，验证 VFIFE 的准确性与精度。本章的主要内容包括：推导 VFIFE 梁单元的迭代求解方法，分析模型中质量阻尼系数、单元密度在动力计算中的选取策略，计算钢悬链立管在浮体垂荡下的动力响应、海床变形及作用力分布。在此基础上，研究浮体位置偏移、垂荡参数变化对立管疲劳损伤与沟槽形状的影响。

2.1　基于向量式有限元的钢悬链立管模型

向量式有限元分析方法是参考传统的共转坐标法改良而来的一种基于点值描述和向量力学理论的新型分析方法。该方法以牛顿第二定律为基础原理，通过向量力学的基本概念和向量运算法则，计算质点之间的力、位移、加速度等物理量。向量式有限元求解过程主要分为四部分：①质点运动控制方程；②单元求解变形；③单元内力计算；④控制方程求解。

2.1.1　向量式有限元基本理论

在向量式有限元中，以空间质点对钢悬链立管进行离散，相邻质点间通过无质量的梁单元进行连接，形成钢悬链立管有限元数值模型。立管构型通过质点有序相连而组成的曲线加以拟合，其振动特性则由各质点位移来表征，相邻质点间立管的运动参数通过线性插值计算求解。除具有被替换结构的质量外，各质点还需承担对应的外部荷载，包括以集中力或力矩的形式施加的重力、浮力、水动力等。梁单元则具有立管的轴向、弯曲、扭转刚度，并传递结构由于变形而产生的内力。上述离散的方法被称为立管的点值描述（Point Value Description）。

钢悬链立管三维模型的每个质点均有 6 个自由度，可用位置与转角向量来表示。对于一个模拟分析过程，可将总时间（t_a~t_b）均匀划分为多个连续的时间步长（Δt），并在各时间步中求解质点的位置向量变化值。因此，质点的位置与转角向量及时间变量相关，称为路径单元(Path Unit)。钢悬链立管点值描述与路径单元的示意图如图 2-1 所示。

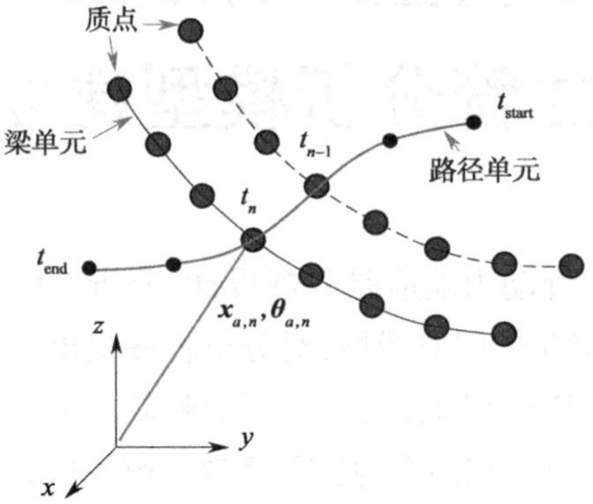

图 2-1 向量式有限元模型

2.1.2 局部坐标系定义

当采用整体坐标计算钢悬链立管内力时，需考虑各单元倾角的实时变化，求解过程相对复杂。相比之下，以单个梁单元为对象建立局部坐标系进行计算的方法更为简便。对于任意梁单元，局部坐标系的建立方法如图 2-2 所示。坐标系 x 轴与单元轴线重合，其正方向为单元首端 A 点指向末端 B 点：

$$e_{xi}^n = \frac{x_B^n - x_A^n}{|x_B^n - x_A^n|} \tag{2-1}$$

式中：x_A^n、x_B^n 分别为 t_n 时刻梁端 A 点与 B 点在整体坐标系内的位置向量。

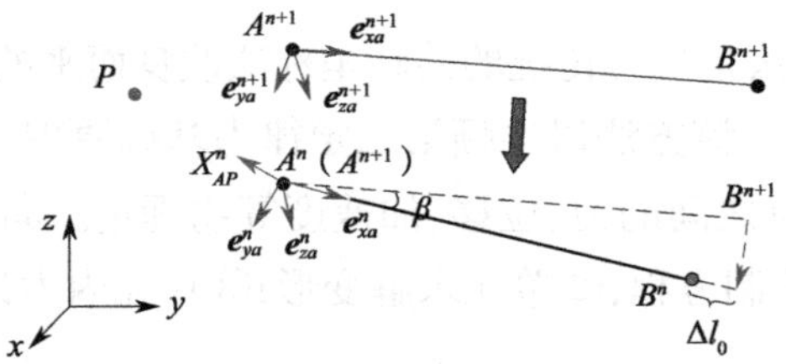

图 2-2 梁单元局部坐标系

选定梁单元外虚拟参考点 P，并定义局部坐标系的 y 轴同时与 x 轴及 AP 两点连线相垂直，可得到其方向向量为

$$e_{yi}^n = \frac{x_{AP}^n \times e_{xi}^n}{|x_{AP}^n \times e_{xi}^n|} \tag{2-2}$$

式中：x_{AP}^n 为整体坐标系下 AP 两点连线的向量。

局部坐标系的 z 轴则同时与 x 轴和 y 轴垂直，其方向向量

$$e_{za}^n = e_{xa}^n \times e_{ya}^n \tag{2-3}$$

当选取的时间步长 Δt 足够短时，在单个时间步长内，梁单元的轴向变形与转动变形远小于其位移、转角，可假定变形后的梁单元轴线仍为直线，且在此过程中梁单元仅发生刚体

位移。据此,随梁单元变化的局部坐标系会在 Δt 内发生转动,其转角向量 $\boldsymbol{b}$ 由两部分组成,分别为使坐标系绕梁法线转动的转角 $\boldsymbol{\beta}_1$ 与使梁法线发生转动的转角 $\boldsymbol{\beta}_2$。转动后的局部坐标系 x 轴与当前梁单元的轴向共线,其方向向量

$$\boldsymbol{e}_{xa}^{n+1}=\frac{\boldsymbol{x}_B^{n+1}-\boldsymbol{x}_A^{n+1}}{|\boldsymbol{x}_B^{n+1}-\boldsymbol{x}_A^{n+1}|} \tag{2-4}$$

式中:$\boldsymbol{x}_A^{n+1}$、$\boldsymbol{x}_B^{n+1}$ 分别为 t_{n+1} 时刻梁端 A 点与 B 点在整体坐标系内的位置向量。

在单个时间步内,梁单元两端点位置向量与转角向量的增量 $\boldsymbol{u}_A^{n+1}$、$\boldsymbol{\gamma}_A^{n+1}$ 以及 $\boldsymbol{u}_B^{n+1}$、$\boldsymbol{\gamma}_B^{n+1}$ 为梁端位移与转动向量,且在整体坐标系下更新。根据以上向量,可求得局部坐标系转角向量

$$\boldsymbol{\beta}=(\boldsymbol{\gamma}_A^{n+1}\cdot\boldsymbol{e}_{xa}^{n})\boldsymbol{e}_{xa}^{n}+\sin^{-1}(|\boldsymbol{e}_{xa}^{n}\times\boldsymbol{e}_{xa}^{n+1}|)\frac{\boldsymbol{e}_{xa}^{n}\times\boldsymbol{e}_{xa}^{n+1}}{|\boldsymbol{e}_{xa}^{n}\times\boldsymbol{e}_{xa}^{n+1}|} \tag{2-5}$$

将转换矩阵 $\boldsymbol{R}_\beta$ 与原 y 轴向量相乘,可求得转动后局部坐标系的 y 轴向量

$$\boldsymbol{e}_{ya}^{n+1}=\boldsymbol{R}_\beta\cdot\boldsymbol{e}_{ya}^{n} \tag{2-6}$$

式中:

$$\boldsymbol{R}_\beta=\boldsymbol{I}+\sin\beta\boldsymbol{\Gamma}_\beta+(1-\cos\beta)(\boldsymbol{\Gamma}_\beta)^2 \tag{2-7}$$

其中,$\beta=|\boldsymbol{\beta}|$;令 $\boldsymbol{e}_\beta=\dfrac{\boldsymbol{\beta}}{|\boldsymbol{\beta}|}=(l_\beta\quad m_\beta\quad n_\beta)^{\mathrm{T}}$,则 $\boldsymbol{\Gamma}_\beta=\begin{pmatrix}0 & -n_\beta & m_\beta\\ n_\beta & 0 & -l_\beta\\ -m_\beta & l_\beta & 0\end{pmatrix}$,$l_\beta$、$m_\beta$、$n_\beta$ 为 x、y 和 z 三个方向的单元单位长度。

转动后局部坐标系 z 轴仍与对应 x 轴和 y 轴垂直,即

$$\boldsymbol{e}_{za}^{n+1}=\boldsymbol{e}_{xa}^{n+1}\times\boldsymbol{e}_{ya}^{n+1} \tag{2-8}$$

2.1.3　梁单元变形求解

在各时间步内,可利用逆向运动方法,由梁单元两端位移、转角增量提取梁单元变形。根据上一节假定,当时间步足够短时,立管变形为微小量,并可线性叠加或相减。

在逆向运动方法中,首先将 t_{n+1} 时刻梁单元按位移向量 $-\boldsymbol{u}_A^{n+1}$ 平移至 t_n 时刻梁单元处,保证端点 A 相重合。其后,以该端点为中心,将变形后梁单元绕其轴线旋转,使梁单元在 A 点的扭转角为 0,而在 B 点单元扭转角达到最大值。继续以 A 点为中心,将梁单元按 $-\boldsymbol{\beta}$ 向量旋转,可消除单元刚体转动引起的转角。由于单元变形微小且轴线始终保持直线,因此可认为经逆向运动后,时间步起点与终点的梁单元重合,而两端点数值上存在的差异则由梁单元纯变形引起。梁单元的轴向变形为长度变化量 Δl_0,可表示为

$$\Delta l_0=l_0^{n+1}-l_0^{n}=|\boldsymbol{x}_B^{n+1}-\boldsymbol{x}_A^{n+1}|-|\boldsymbol{x}_B^{n}-\boldsymbol{x}_A^{n}| \tag{2-9}$$

其中,l_0^{n+1}、l_0^{n} 分别为 $n+1$ 时刻和 n 时刻的梁单元长度。

由于各质点转角向量均于整体坐标系中进行更新,因此需要将其转换至局部坐标系,以计算各点的转动变形。转换计算的公式为

$$\tilde{\boldsymbol{x}}=\boldsymbol{\Omega x} \tag{2-10}$$

式中:$\tilde{\boldsymbol{x}}$ 为局部坐标系向量,$\tilde{\boldsymbol{x}}=(\tilde{x}_1,\tilde{x}_2,\tilde{x}_3)$;$\boldsymbol{x}$ 为整体坐标系向量,$\boldsymbol{x}=(x_1,x_2,x_3)$;$\boldsymbol{\Omega}$ 为转换

矩阵。

$$\boldsymbol{\Omega}=((\boldsymbol{e}_{xa}^{n})^{\mathrm{T}}\quad(\boldsymbol{e}_{ya}^{n})^{\mathrm{T}}\quad(\boldsymbol{e}_{za}^{n})^{\mathrm{T}})^{\mathrm{T}} \tag{2-11}$$

经转换,可得到局部坐标系下梁单元两端点转动向量 $\tilde{\boldsymbol{\gamma}}_{A}^{n+1}$ 与 $\tilde{\boldsymbol{\gamma}}_{B}^{n+1}$ 及单元转角向量 $\tilde{\boldsymbol{\beta}}$。以端点 A 为例,将梁单元变形放大后,其转动变形向量可按图 2-3 计算。据此,可得到两端点各向转动变形分别如下:

$$\begin{cases}\psi_{Ax}=0\\ \psi_{Ay}=\tilde{\gamma}_{Ay}^{n+1}-\tilde{\beta}_{y}\\ \psi_{Az}=\tilde{\gamma}_{Az}^{n+1}-\tilde{\beta}_{z}\end{cases} \tag{2-12}$$

$$\begin{cases}\psi_{Bx}=\tilde{\gamma}_{Bx}^{n+1}-\tilde{\gamma}_{Ax}^{n+1}\\ \psi_{By}=\tilde{\gamma}_{By}^{n+1}-\tilde{\beta}_{y}\\ \psi_{Bz}=\tilde{\gamma}_{Bz}^{n+1}-\tilde{\beta}_{z}\end{cases} \tag{2-13}$$

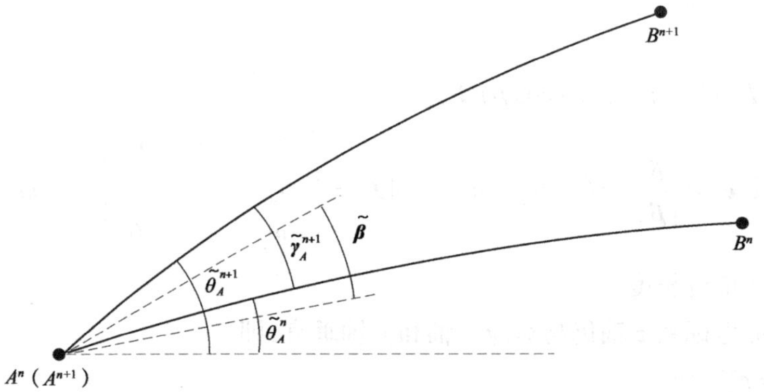

图 2-3 梁单元端点转动变形向量计算

$\tilde{\theta}_{A}^{n+1}$、$\tilde{\theta}_{A}^{n}$——A 端点 n+1 与 n 时刻的转动角度

2.1.4 梁单元内力计算

根据梁单元端点变形,可按以下公式计算该时间步内,在局部坐标系下的梁单元内力增量:

$$\begin{cases}\Delta\tilde{f}_{Bx}=\dfrac{EA}{l_{0}^{n}}\Delta l_{0}\\ \Delta\tilde{m}_{Bx}=\dfrac{GI_{x}^{n}}{l_{0}^{n}}\psi_{Bx}\\ \Delta\tilde{m}_{Ay}=\dfrac{EI_{y}^{n}}{l_{0}^{n}}(4\psi_{Ay}+2\psi_{By})\\ \Delta\tilde{m}_{By}=\dfrac{EI_{y}^{n}}{l_{0}^{n}}(2\psi_{Ay}+4\psi_{By})\\ \Delta\tilde{m}_{Az}=\dfrac{EI_{z}^{n}}{l_{0}^{n}}(4\psi_{Az}+2\psi_{Bz})\\ \Delta\tilde{m}_{Bz}=\dfrac{EI_{z}^{n}}{l_{0}^{n}}(2\psi_{Az}+4\psi_{Bz})\end{cases} \tag{2-14}$$

式中：$\Delta\tilde{f}$、$\Delta\tilde{m}$ 分别为梁单元内力与力矩，其下角标显示梁单元端点及力的方向；E、G、A、l_0^n 分别为单元在时间点 t_n 的弹性模量、剪切模量、截面面积和长度；I_x^n、I_y^n、I_z^n 为单元沿局部坐标系 x、y、z 轴的转动惯量。尽管在单个时间步内，单元长度变化为微小量，但随变形累积，在加载过程中梁单元长度可发生显著变化，故应在各时间步起点对公式中的参数进行实时更新。

梁单元在时间步内应保持内力平衡，因此其余内力及内力矩可由平衡方程确定，即

$$\begin{cases}\sum \tilde{F}_x = 0,\ \Delta\tilde{f}_{Ax} = -\Delta\tilde{f}_{Bx} \\ \sum \tilde{F}_y = 0,\ \Delta\tilde{f}_{Ay} = -\Delta\tilde{f}_{By} \\ \sum \tilde{F}_z = 0,\ \Delta\tilde{f}_{Az} = -\Delta\tilde{f}_{Bz}\end{cases} \tag{2-15}$$

$$\begin{cases}\sum \tilde{M}_x = 0,\ \Delta\tilde{m}_{Ax} = -\Delta\tilde{m}_{Bx} \\ \sum \tilde{M}_z = 0,\ \Delta\tilde{f}_{By} = -\dfrac{1}{l_0^n}(\Delta\tilde{m}_{Az} + \Delta\tilde{m}_{Bz}) \\ \sum \tilde{M}_y = 0,\ \Delta\tilde{f}_{Bz} = \dfrac{1}{l_0^n}(\Delta\tilde{m}_{Ay} + \Delta\tilde{m}_{By})\end{cases} \tag{2-16}$$

基于小变形假定，可将单元内力增量与时间步起点内力相叠加，得到增量步终点 t_{n+1} 的内力 $\tilde{\boldsymbol{f}}_A^{n+1}$、$\tilde{\boldsymbol{f}}_B^{n+1}$ 与力矩 $\tilde{\boldsymbol{m}}_A^{n+1}$、$\tilde{\boldsymbol{m}}_B^{n+1}$。为计算立管质点位移与转角，需再次将梁单元内力由局部坐标系转换至整体坐标系中，即

$$\boldsymbol{f}_j^{n+1} = \boldsymbol{R}_\beta \boldsymbol{\Omega}^{\mathrm{T}} \tilde{\boldsymbol{f}}_{js}^{n+1} \quad (j = A, B) \tag{2-17}$$

$$\boldsymbol{m}_j^{n+1} = \boldsymbol{R}_\beta \boldsymbol{\Omega}^{\mathrm{T}} \tilde{\boldsymbol{m}}_{js}^{n+1} \ (j = A, B) \tag{2-18}$$

其中，$\boldsymbol{f}_j^{n+1}$、$\boldsymbol{m}_j^{n+1}$ 分别为整体坐标系中梁单元的拉力和弯矩；$\tilde{\boldsymbol{f}}_{js}^{n+1}$、$\tilde{\boldsymbol{m}}_{js}^{n+1}$ 分别为局部坐标系中梁单元的拉力和弯矩。

2.1.5　立管所受外荷载

在顶部浮式平台激励下，深海钢悬链立管受到重力、浮力、水动力荷载和海底反力的外部荷载。其中，钢悬链立管自重与浮力沿立管均匀分布，且不随时间变化。水动力荷载与立管的速度、加速度相关，而海床支撑力与局部立管当前贯入深度及加载历史有关。

在向量式有限元立管模型中，应对上述分布式的外荷载进行转化，使其以集中力或弯矩的形式作用于对应立管质点上。尽管水动力荷载与海床分布力沿立管长度变化，但当质点排布足够紧密时，外荷载在单个梁单元上可视为均匀分布。据此，转换至质点的集中外力可表示为

$$\boldsymbol{P}_i = \frac{1}{2}(\boldsymbol{p}_b^{i-1} l_{i-1} + \boldsymbol{p}_b^i l_i) \tag{2-19}$$

式中：$\boldsymbol{P}_i$ 为作用于质点 i 的集中力；$\boldsymbol{p}_b^{i-1}$、$\boldsymbol{p}_b^i$ 为与质点相连的梁单元所受的均布外荷载；l_{i-1}、l_i 为与质点相连的梁单元长度。

除集中力外，外部荷载还会引起梁单元端部弯矩。为便于计算，首先将梁单元上均布外荷载 $\boldsymbol{p}_b^i$ 转换至局部坐标系中。其后，根据两端固定梁单元的受力模式，计算端部弯矩分布

$\tilde{\boldsymbol{m}}_{bA}^{i}$与$\tilde{\boldsymbol{m}}_{bB}^{i}$，即

$$\begin{cases}\tilde{m}_{bAx}^{i}=0\\ \tilde{m}_{bAy}^{i}=\dfrac{1}{12}p_{bz}^{i}l_i^2\\ \tilde{m}_{bAz}^{i}=\dfrac{1}{12}p_{by}^{i}l_i^2\end{cases} \tag{2-20}$$

$$\begin{cases}\tilde{m}_{bBx}^{i}=0\\ \tilde{m}_{bBy}^{i}=-\dfrac{1}{12}p_{bz}^{i}l_i^2\\ \tilde{m}_{bBz}^{i}=-\dfrac{1}{12}p_{by}^{i}l_i^2\end{cases} \tag{2-21}$$

将得到的弯矩转化至整体坐标系，再组集于各质点，即可得到均布外荷载引起的质点集中弯矩

$$\boldsymbol{Q}_i=\boldsymbol{R}_{\beta}^{i-1}\boldsymbol{\Omega}_{i-1}^{\mathrm{T}}\tilde{\boldsymbol{m}}_{bB}^{i-1}+\boldsymbol{R}_{\beta}^{i}\boldsymbol{\Omega}_{i}^{\mathrm{T}}\tilde{\boldsymbol{m}}_{bA}^{i} \tag{2-22}$$

钢悬链立管作为一种细长杆结构，可利用莫里森方程求解结构与流体相对运动产生的水动力荷载。对于梁单元，水动力分布荷载向量$\boldsymbol{p}_{\mathrm{w}}$可表示为

$$\begin{aligned}\boldsymbol{p}_{\mathrm{w}}=&\rho_{\mathrm{w}}\frac{\pi D_{\mathrm{out}}^2}{4}\ddot{\boldsymbol{u}}_{\mathrm{w}}+C_{\mathrm{a}}\rho_{\mathrm{w}}\frac{\pi D_{\mathrm{out}}^2}{4}(\ddot{\boldsymbol{u}}_{\mathrm{w}}-\ddot{\boldsymbol{u}}_{\mathrm{s}})+\frac{1}{2}C_{\mathrm{D}}\rho_{\mathrm{w}}D_{\mathrm{out}}(\dot{\boldsymbol{u}}_{\mathrm{w}}-\dot{\boldsymbol{u}}_{\mathrm{s}})|\dot{\boldsymbol{u}}_{\mathrm{w}}-\dot{\boldsymbol{u}}_{\mathrm{s}}|+\\ &C_{\mathrm{at}}\rho_{\mathrm{w}}\frac{\pi D_{\mathrm{out}}^2}{4}(\ddot{\boldsymbol{u}}_{\mathrm{wt}}-\ddot{\boldsymbol{u}}_{\mathrm{st}})+\frac{1}{2}\pi C_{\mathrm{Dt}}\rho_{\mathrm{w}}D_{\mathrm{out}}(\dot{\boldsymbol{u}}_{\mathrm{wt}}-\dot{\boldsymbol{u}}_{\mathrm{st}})|\dot{\boldsymbol{u}}_{\mathrm{wt}}-\dot{\boldsymbol{u}}_{\mathrm{st}}|\end{aligned} \tag{2-23}$$

式中：$\dot{\boldsymbol{u}}_{\mathrm{w}}$、$\ddot{\boldsymbol{u}}_{\mathrm{w}}$、$\dot{\boldsymbol{u}}_{\mathrm{s}}$、$\ddot{\boldsymbol{u}}_{\mathrm{s}}$分别为流体与立管垂直于梁单元轴线方向的速度及加速度；$\dot{\boldsymbol{u}}_{\mathrm{wt}}$、$\ddot{\boldsymbol{u}}_{\mathrm{wt}}$、$\dot{\boldsymbol{u}}_{\mathrm{st}}$、$\ddot{\boldsymbol{u}}_{\mathrm{st}}$是流体与立管沿轴线方向的速度及加速度；$C_{\mathrm{a}}$、$C_{\mathrm{at}}$、$C_{\mathrm{D}}$、$C_{\mathrm{Dt}}$分别是梁单元在法向和切向的附加质量系数和拖曳力系数；ρ_{w}为海水密度；D_{out}为立管外径。

尽管国内外学者已结合试验拟合出多种海床模型，由 Randolph 和 Quiggin 提出的竖向非线性管-土相互作用仍为钢悬链立管设计、分析中最常用的模型，并已集成至商业软件 OrcaFlex 中。立管-海床相互作用过程可分为首次贯入、抬升、分离和再次贯入四阶段，如图 2-4 所示。

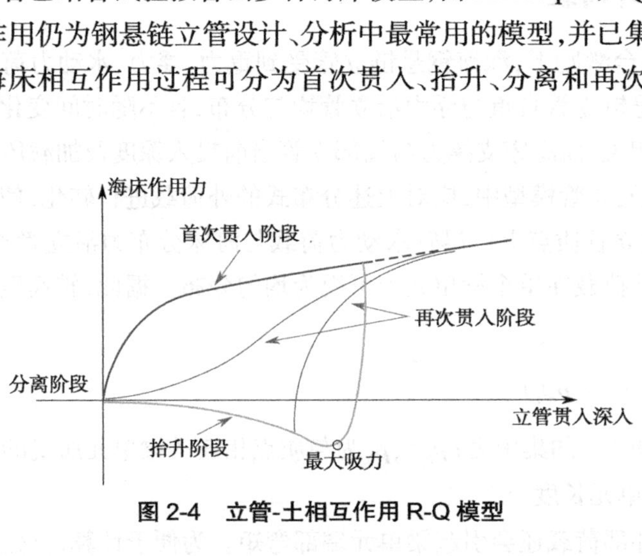

图 2-4 立管-土相互作用 R-Q 模型

可通过以立管贯入深度为变量的双曲函数，计算作用于局部管段上的海床竖向力。在

立管逐步贯入海床或不断抬升的过程中,海床的竖向作用力随立管位移变化,分别趋近于极限支撑力与极限吸力:

$$p_{\mathrm{u}}(z)=N_{\mathrm{c}}(z/D_{\mathrm{out}})s_{\mathrm{u}}(z)D_{\mathrm{out}} \tag{2-24}$$

$$p_{\mathrm{u\text{-}suc}}(z)=-f_{\mathrm{suc}}p_{\mathrm{u}}(z) \tag{2-25}$$

式中:$p_{\mathrm{u}}(z)$、$p_{\mathrm{u\text{-}suc}}(z)$分别为海床竖向极限支撑力与极限吸力;$z$为立管管底与海床泥面线(Mudline)的竖向距离,以立管贯入海床为正;$s_{\mathrm{u}}(z)$为管底处黏土不排水抗剪强度;f_{suc}为吸力系数;$N_{\mathrm{c}}(z/D_{\mathrm{out}})$为支撑力系数,

$$N_{\mathrm{c}}(z/D_{\mathrm{out}})=\begin{cases}a\left(z/D_{\mathrm{out}}\right)^{b} & z/D_{\mathrm{out}}\geqslant 0.1\\ a0.1^{b}\sqrt{(10z/D_{\mathrm{out}})} & z/D_{\mathrm{out}}\leqslant 0.1\end{cases} \tag{2-26}$$

其中,a、b均为幂函数参数。

当黏土海床不排水抗剪强度随深度线性增大时,管底处黏土不排水抗剪强度

$$s_{\mathrm{u}}(z)=s_{\mathrm{um}}+kz \tag{2-27}$$

式中:s_{um}为海床泥面线强度;k为抗剪强度梯度。

在立管首次贯入海床过程中,海床对立管支撑力

$$p_{\mathrm{IP}}(z)=H_{\mathrm{IP}}(z)p_{\mathrm{u}}(z) \tag{2-28}$$

式中:$H_{\mathrm{IP}}(z)$为初始贯入系数,使海床支撑力由 0 开始逐渐趋近于极限支撑力,

$$H_{\mathrm{IP}}(z)=\frac{z}{D_{\mathrm{out}}/K_{\mathrm{max}}+z} \tag{2-29}$$

其中,K_{max}为海床归一化最大刚度。

在立管开始向上抬升过程中,海床对立管的作用力首先迅速降低,其后反向增加成为吸力。

$$p(z)=p_0-H_{\mathrm{UL}}(z)[p_0-p_{\mathrm{u\text{-}suc}}(z)] \tag{2-30}$$

$$H_{\mathrm{UL}}(z)=\frac{z_0-z}{\dfrac{A_{\mathrm{UL}}(z)D_{\mathrm{out}}}{K_{\mathrm{max}}}+(z_0-z)} \tag{2-31}$$

$$A_{\mathrm{UL}}(z)=[p_0-p_{\mathrm{u\text{-}suc}}(z)]/\,p_{\mathrm{u}}(z_0) \tag{2-32}$$

式中:$p(z)$为海床对立管的作用力;$H_{\mathrm{UL}}(z)$、$A_{\mathrm{UL}}(z)$分别为抬升系数与吸力修正系数;z_0、p_0分别为抬升起始点的立管贯入深度及海床支撑力。

随立管抬升位移增加,海床对立管的吸力在达到极值后逐渐消散,而式(2-30)难以准确模拟该过程。通过幂函数对式(2-25)中极限吸力进行修正,将其作为立管抬升过程中的吸力最小包络,可得到符合预期的吸力-位移曲线,即

$$p_{\mathrm{min}}(z)=\exp\left[\min\left(0,\frac{z-z_{p=0}}{\lambda_{\mathrm{suc}}z_{\mathrm{max}}}\right)\right]P_{\mathrm{u\text{-}suc}}(z) \tag{2-33}$$

式中:$p_{\mathrm{min}}(z)$为修正后的吸力;λ_{suc}为归一化吸力衰减距离;z_{max}为加载历程中立管贯入海床的最大深度;$z_{p=0}$为海床竖向支撑力降低至 0 时的立管贯入深度。当以式(2-30)计算海床吸力的绝对值大于式(2-33)的计算结果时,应以后者作为海床对立管的作用力。此外,如果

立管贯入深度较浅时开始抬升，根据式(2-30)计算的海床竖向作用力可能始终为正，此时取 $z_{p=0}=0$。当立管与海床完全分离后，海床对立管无约束作用，作用力等于0。

当立管在抬升阶段或分离阶段后开始向下运动时，海床对立管的作用力需根据再次贯入阶段的相关公式计算，

$$p(z)=p_1+H_{\mathrm{RP}}(z)[p_{\mathrm{u}}(z)-p_1] \tag{2-34}$$

$$H_{\mathrm{RP}}(z)=\frac{z-z_1}{\dfrac{A_{\mathrm{RP}}(z)D_{\mathrm{out}}}{K_{\max}}+(z-z_1)} \tag{2-35}$$

$$A_{\mathrm{RP}}(z)=[p_{\mathrm{u}}(z)-p_1]/p_{\mathrm{u}*} \tag{2-36}$$

式中：$H_{\mathrm{RP}}(z)$、$A_{\mathrm{RP}}(z)$分别为再次贯入系数与阻力修正系数；z_1、p_1 分别为再次贯入起始点的贯入深度与海床竖向作用力。当再次贯入前立管与海床完全分离时，两参数均等于0；当 $p_1\leqslant 0$时，$p_{\mathrm{u}*}=p_{\mathrm{u}}(z)$，反之$p_{\mathrm{u}*}$等于前一次抬升起始点的海床支撑力 p_0。

当立管贯入深度接近或超过 $z_{\max}$ 时，海床深处土体受扰动程度低，对立管的支撑力接近首次贯入结果。因此，可对式(2-28)进行修正，作为再次贯入曲线的最大包络。

$$p_{\max}(z)=\exp\left[\min\left(0,\frac{z-z_{p=0}}{\lambda_{\mathrm{suc}}z_{\max}}-\lambda_{\mathrm{rep}}\right)\right]p_{\mathrm{IP}}(z) \tag{2-37}$$

式中：$p_{\max}(z)$为极限支撑力；λ_{rep}为归一化再贯入偏移距离；$p_{\mathrm{IP}}(z)$为初次贯入极限支撑力。

在循环加载过程中，需记录并实时更新最大贯入深度 $z_{\max}$，以及抬升阶段土体开始产生吸力的最大深度 $z_{p=0}$。通过归一化吸力衰减距离(λ_{suc})和归一化再贯入偏移距离(λ_{rep})等参数，可对海床作用力进行折减，模拟立管循环接触下的黏土海床退化情况。除海床土体受剪而产生的竖向作用力外，立管贯入海床也使得局部土体被挤出并于管侧隆起，对立管提供浮力p_{b}，计算公式为

$$p_{\mathrm{b}}=f_{\mathrm{b}}\rho_{\mathrm{s}}gA_{\mathrm{s}} \tag{2-38}$$

式中：f_{b} 为土体浮力系数；ρ_{s} 为土体浸水后密度；A_{s} 为海床泥面线下立管截面面积。令 $\zeta=z/D_{\mathrm{out}}$，则 A_{s} 可表示为

$$A_{\mathrm{s}}=\frac{D_{\mathrm{out}}^2}{4}\left\{\sin^{-1}\left[\sqrt{4\zeta(1-\zeta)}\right]-2(1-2\zeta)\sqrt{\zeta(1-\zeta)}\right\} \tag{2-39}$$

有两种方法可以模拟钢悬链立管与海床的接触关系：一种是通过非线性弹簧将立管质点与刚性海床连接，土体约束作为集中力直接作用于质点；另一种方法是根据单个梁单元平均贯入深度，计算海床作用于单元上的平均分布力，再换算为作用于质点的集中力。为保证模拟结果精度，触地段区域立管单元密度较高，质点两侧梁单元所受土体约束力对质点的弯矩方向相反、大小基本相等，由此产生的质点弯矩为微小量，采用上述两种方法均可得到一致结果。

在建立SCR静态构型的过程中，海床对立管的支撑力计算仅选用“初始贯入”相关公式，避免立管振动引起的土体性质退化。在立管构型达到稳定后，记录立管在海床中的贯入深度，并以此作为海床变形量。动态分析中，首先应根据立管运动状态，确定管-土相互作用所属阶段，判断过程如图2-5所示；然后再进行海床支撑力计算，并需实时更新土体参数。海床沟槽形状定为循环加载过程中立管各点贯入海床的最大深度。

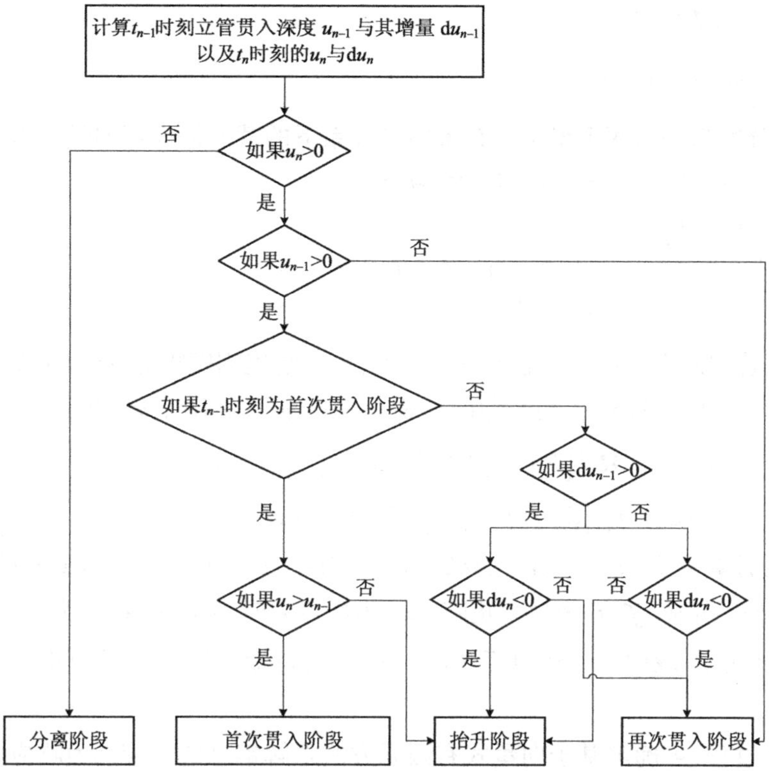

图 2-5　管-土相互作用所属阶段判定

2.1.6　控制方程与求解方案

根据牛顿定律，可对各质点建立动力学控制方程，计算质点在内力、外力和阻尼力作用下在任意时间点 t 的运动，即

$$\begin{cases} \boldsymbol{M}_i \ddot{\boldsymbol{x}}_i = \boldsymbol{P}_i + \boldsymbol{F}_{\mathrm{I}i} + \boldsymbol{F}_{\mathrm{D}i} \\ \boldsymbol{I}_i \ddot{\boldsymbol{\theta}}_i = \boldsymbol{Q}_i + \boldsymbol{M}_{\mathrm{I}i} + \boldsymbol{M}_{\mathrm{D}i} \end{cases} \tag{2-40}$$

式中：下标 i 为模型中任一质点的编号；$\boldsymbol{M}_i$、$\boldsymbol{I}_i$ 分别为质点的质量矩阵与质量惯性矩阵；$\boldsymbol{x}_i$、$\boldsymbol{\theta}_i$ 分别为位置向量与转角向量，其一阶、二阶导分别为质点的速度及加速度；$\boldsymbol{P}_i$、$\boldsymbol{F}_{\mathrm{I}i}$、$\boldsymbol{F}_{\mathrm{D}i}$ 分别为质点所受外部集中力向量、结构内力向量及阻尼力向量；$\boldsymbol{Q}_i$、$\boldsymbol{M}_{\mathrm{I}i}$、$\boldsymbol{M}_{\mathrm{D}i}$ 分别为 $\boldsymbol{P}_i$、$\boldsymbol{F}_{\mathrm{I}i}$、$\boldsymbol{F}_{\mathrm{D}i}$ 对应外荷载、内力与阻尼产生的弯矩向量。阻尼力、力矩则与质点速度相关，即

$$\begin{cases} \boldsymbol{F}_{\mathrm{D}i} = -\mu \boldsymbol{M}_i \dot{\boldsymbol{x}}_i \\ \boldsymbol{M}_{\mathrm{D}i} = -\mu \boldsymbol{I}_i \dot{\boldsymbol{\theta}}_i \end{cases} \tag{2-41}$$

式中：μ 为质量阻尼系数。

质点的质量矩阵 $\boldsymbol{M}_i$ 可表示为

$$\boldsymbol{M}_i = \frac{1}{2}\begin{pmatrix} (m_b^{i-1} + m_b^i) & & \\ & (m_b^{i-1} + m_b^i) & \\ & & (m_b^{i-1} + m_b^i) \end{pmatrix} \tag{2-42}$$

式中：m_b^{i-1}、m_b^i 分别为节点前后梁单元的质量。

质量惯性矩阵$\boldsymbol{I}_i$计算公式为

$$\boldsymbol{I}_i = \frac{1}{2} m_b^{i-1} \boldsymbol{I}_b^{i-1} + \frac{1}{2} m_b^i \boldsymbol{I}_b^i \tag{2-43}$$

式中：$\boldsymbol{I}_b^{i-1}$、$\boldsymbol{I}_b^i$分别为相邻两个梁单元在整体坐标系下的截面惯性矩向量。由局部坐标系下梁单元截面惯性矩转换至整体坐标系的方法为

$$\boldsymbol{I}_b^i = \begin{pmatrix} I_{xx}^i & I_{xy}^i & I_{xz}^i \\ I_{yx}^i & I_{yy}^i & I_{yz}^i \\ I_{zx}^i & I_{zy}^i & I_{zz}^i \end{pmatrix} = \boldsymbol{\Omega}_i^{\mathrm{T}} \begin{pmatrix} I_x^i & 0 & 0 \\ 0 & I_y^i & 0 \\ 0 & 0 & I_z^i \end{pmatrix} \boldsymbol{\Omega}_i^{\mathrm{T}} \tag{2-44}$$

钢悬链立管控制方程可由中心差分法求解，无须组集刚度矩阵，同时可避免迭代与收敛性问题。当前时刻的位置$\boldsymbol{x}_{a,n+1}$与转角向量$\boldsymbol{\theta}_{a,n+1}$基于前两个分析步结果得出，即

$$\begin{cases} \boldsymbol{x}_{a,n+1} = c_1 (\Delta t)^2 \boldsymbol{M}_a^{-1} \left[\boldsymbol{P}_a(t) + \boldsymbol{f}_a(t) \right] + 2c_1 \boldsymbol{x}_{a,n} - c_2 \boldsymbol{x}_{a,n-1} \\ \boldsymbol{\theta}_{a,n+1} = c_1 (\Delta t)^2 \boldsymbol{I}_a^{-1} \left[\boldsymbol{Q}_a(t) + \boldsymbol{m}_a(t) \right] + 2c_1 \boldsymbol{\theta}_{a,n} - c_2 \boldsymbol{\theta}_{a,n-1} \end{cases} \tag{2-45}$$

式中，c_1、c_2为计算系数，$c_1 = 1/(1+\mu\Delta t/2)$，$c_2 = c_1(1-\mu\Delta t/2)$；$\Delta t$为时间步增量；$\boldsymbol{M}_a^{-1}$为质量矩阵；$\boldsymbol{P}_a(t)$为外力矩阵；$\boldsymbol{f}_a(t)$为拉力矩阵；$\boldsymbol{x}_{a,n}$为质点$n$时刻位置；$\boldsymbol{x}_{a,n-1}$为质点$n$时刻转角；$\boldsymbol{I}_a^{-1}$为质量惯性矩阵；$\boldsymbol{Q}_a(t)$为外力矩矩阵；$\boldsymbol{m}_a(t)$为弯矩矩阵；$\boldsymbol{\theta}_{a,n}$为$n$时刻转角；$\boldsymbol{\theta}_{a,n-1}$为$n-1$时刻转角。

综合上述过程，可确定基于向量式有限元方法求解钢悬链立管动力响应问题的基本步骤，如图 2-6 所示。

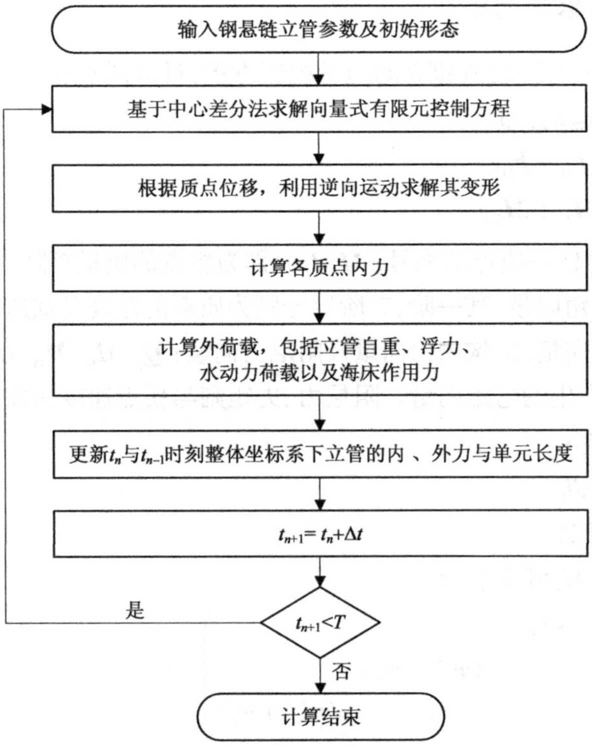

图 2-6 向量式有限元计算流程

2.2　钢悬链立管算例分析与验证

2.2.1　参数选取

由于钢悬链立管与浮式平台连接的柔性接头刚度较低,可将其简化为铰节点;而立管尾端点固定于海床上,其边界条件选取对立管整体内力分布影响很小,亦可简化为铰接。本次模拟的钢悬链立管总长 2 700.0 m,顶端位于海床上方 1 600.0 m 处,图 2-7 为钢悬链立管模型。由于本书关注点在于立管动力响应,平台运动可简化为施加于立管顶端铰节点的位移荷载。为直观比较立管在浮体运动下采用 VFIFE 与 OrcaFlex 软件计算结果的差异,采用等效简谐位移加载方式,忽略波浪、海流作用,在缩短计算时间的同时,准确分析立管动力响应。钢悬链立管的详细参数列于表 2-1 中;非线性管-土相互作用 R-Q 模型参数列于表 2-2 中。

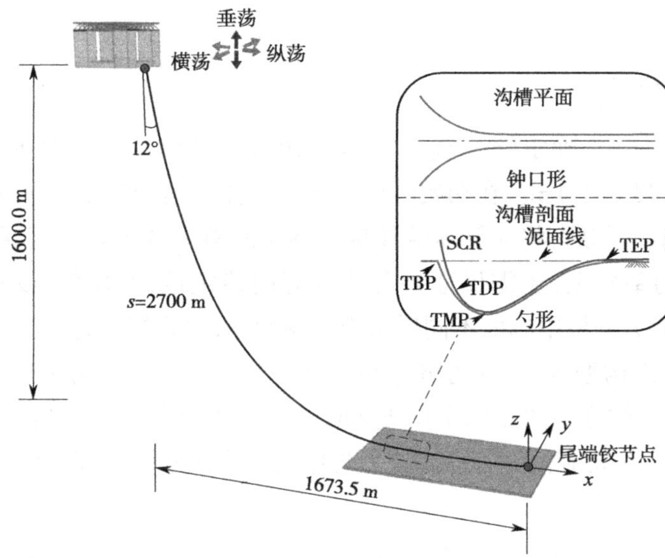

图 2-7　钢悬链立管模型

表 2-1　钢悬链立管参数

立管参数	数值	单位
长度 s	2 700.0	m
外径 D_{out}	324	mm
壁厚 t	27	mm
轴向刚度 EA	5.28×10^6	kN
弯矩刚度 EI	58.65×10^3	kN·m²
单位长度立管质量 M	197.43	kg/m
附加质量系数 C_a	1.0	—
惯性系数 C_m	2.0	—
拖曳力系数 C_d	0.7	—

表 2-2 非线性海床参数

海床模型参数	数值	单位
土体泥面线不排水抗剪强度 s_{um}	0.6	kPa
土体抗剪强度梯度 k	1.5	kPa/m
土体浸水后密度 ρ_s	1 500.0	kg/m³
幂指数 a	6.0	—
幂指数 b	0.25	—
归一化土体最大刚度 K_{max}	200	—
吸力系数 f_{suc}	0.2	—
归一化吸力衰减距离 λ_{suc}	0.5	—
归一化再贯入偏移距离 λ_{rep}	0.5	—
土体浮力系数 f_b	1.5	—

2.2.2 静态构型建立

在向量式有限元中，确定钢悬链立管静态构型是后续动力计算的基础。对于本次SCR，选定梁单元长度为 1.0 m。在初始时刻，SCR 整体平铺于海床上，并对其施加自重、浮力、海底反力等荷载。其后，将立管顶端铰接点逐步向斜上方提升，直至移动到指定位置。在提高计算效率的基础上，还需保证差分法计算的稳定性，经比较，设置时间步长 Δt 为 0.000 1 s。尽管在静力分析中选取不同质量阻尼系数 m，立管振动特性会有所不同，但 SCR 终将稳定于同一静态构型处，对内力分布结果亦无影响。本次分析中选取 μ 为 0.1。SCR 抬升过程及最终稳定构型如图 2-8 所示，与 OrcaFlex 软件计算结果吻合。图 2-9（a）与（b）分别对比利用两种方法得到的立管静态拉力与弯矩沿管长分布，计算所得曲线重合，反映出 VFIFE 模型的准确性。

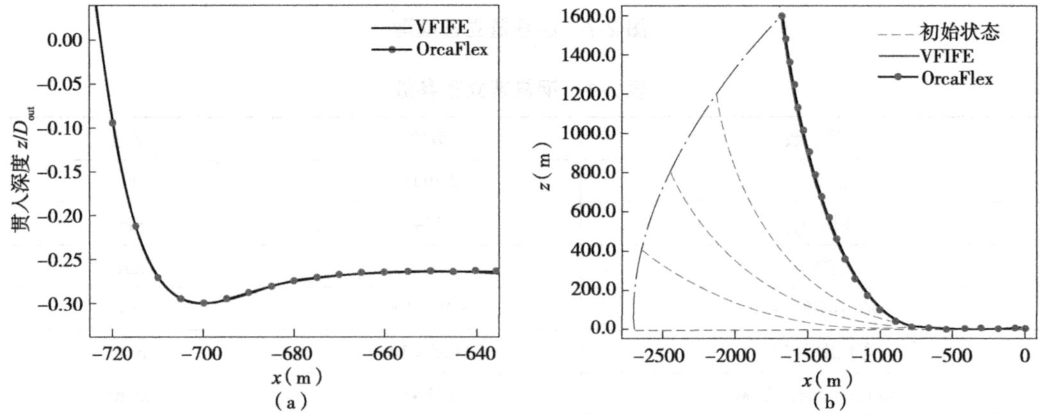

图 2-8 钢悬链立管静态构型对比

（a）整体构型 （b）触地段局部构型

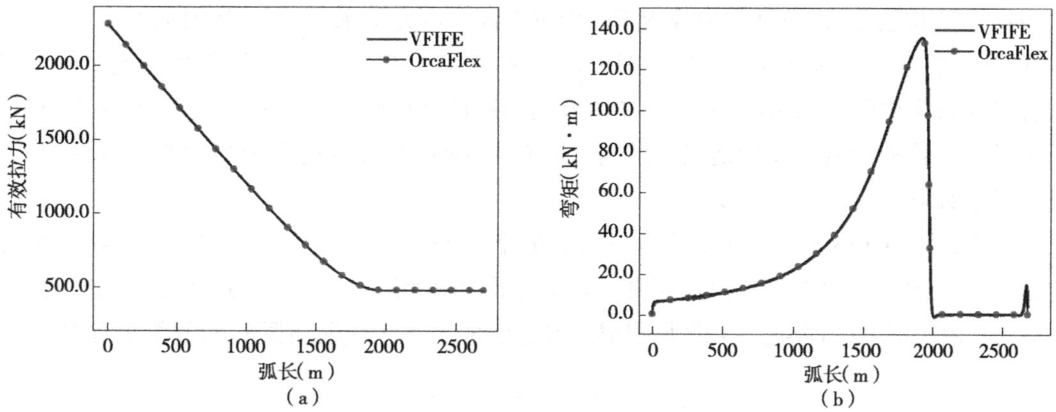

图 2-9 钢悬链立管静态内力对比

(a)有效拉力 (b)弯矩

2.2.3 质量阻尼系数影响研究

在开展 SCR 动态分析前,有必要对应用于 VFIFE 的自编程管-土相互作用 R-Q 模型准确性进行验证。在 VFIFE 与 OrcaFlex 软件中分别建立单位长度立管单元,对其施加循环位移荷载,提取并对比土体阻力-立管单元贯入深度曲线,如图 2-10 所示。由图可见,两曲线重合,可还原土体吸力、反复加载土体阻力降低等特性,表明自编程 R-Q 模型适用于 VFIFE 模型,且计算结果可靠。

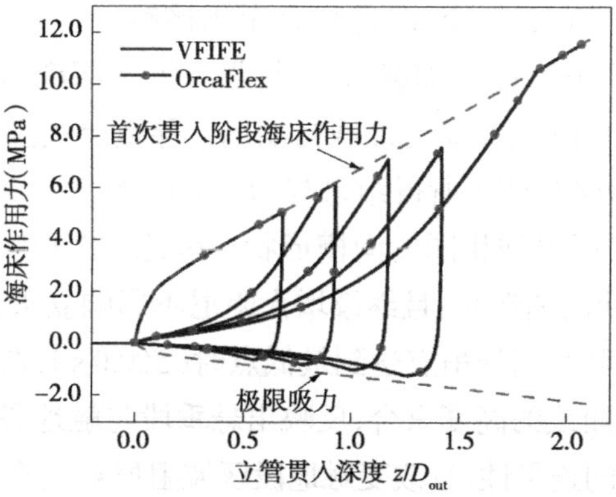

图 2-10 土体阻力-无量纲立管截面贯入深度曲线对比

与浮式平台纵荡、横荡运动相比,循环垂荡运动可使得钢悬链立管应力波动更为显著,出现疲劳损伤。因此,在动态分析中,对立管顶端悬吊点施加幅值为 1.0 m、周期为 10.0 s 的正弦垂荡位移荷载,如图 2-7 所示,并利用 OrcaFlex 软件进行对比计算,验证 VFIFE 程序的准确性。

阻尼是影响 SCR 动力响应的重要因素,在 VFIFE 中准确引入阻尼效应是开展动力计算的关键。有研究表明,立管结构阻尼 λ 与质量阻尼系数 μ 以及外部激励频率相关,可表示为

$$\lambda = \frac{T_i}{4\pi}\mu \tag{2-46}$$

式中：λ 为结构阻尼；T_i 为垂荡加载周期。根据 Xia 等研究结果，立管结构阻尼不应大于 1%。因此，当立管顶端垂荡周期为 10.0 s 时，μ 可取 0.013。然而，在触地段与后侧流线段区域，立管受到海床约束支撑作用，低阻尼在该段的适用性有待验证。因此，有必要研究不同阻尼对钢悬链立管动力响应及触地段区域内力分布的影响，并确定适用于 VFIFE 立管模型的质量阻尼系数取值。

首先，选取 0.013 的质量阻尼系数应用于立管上所有质点，开展动力计算。图 2-11 为第 50 次循环后，触地段区域与流线段立管贯入海床的最大深度分布，及其与 OrcaFlex 软件计算结果的对比。由图可见，当管-土接触区域阻尼设置过小时，立管发生明显振荡，计算结果有误。

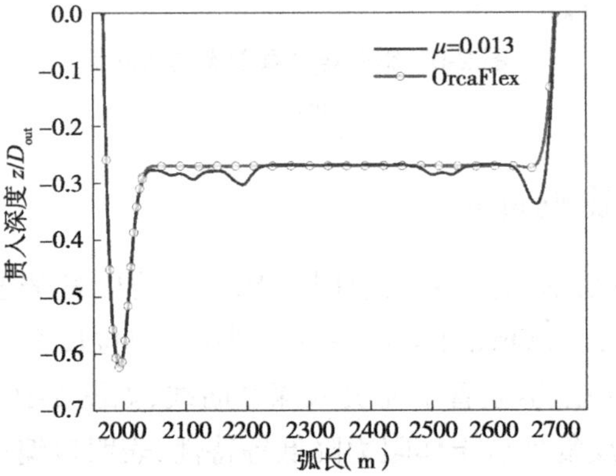

图 2-11　μ=0.013 时 50 次循环后立管贯入海床形状对比

保持立管悬垂段 μ = 0.013 不变，而将与海床相接触立管质点的质量阻尼系数放大为 0.1、1.0，得到第 1 次和第 50 次循环加载后，立管贯入海床深度沿管长的分布，如图 2-12 所示。结果表明，当 m 选为 0.1 时，在循环加载初期仍会导致流线段立管振荡；将 μ 放大至 1.0 后，该区域立管振荡快速衰减，计算所得结果与 OrcaFlex 软件一致。而在多次循环加载后，选用两种质量阻尼系数仍可得到相同的沟槽形状。因此，在立管与海床接触区域选择较大阻尼，有助于稳定加载初期沟槽形状，且继续增大阻尼不影响立管贯入海床深度。图 2-13 对比在第 50 个循环加载周期内，当悬吊点达到最低点时（500.0 s），选择两种质量阻尼系数的钢悬链立管弯矩分布。三条曲线的高度重合，反映出悬垂段与触地段立管选用不同质量阻尼系数不会影响立管内力分布的连贯性，且改变触地段区域阻尼对立管弯矩的影响可忽略不计。

其后，保持触地段及流线段立管 μ 值为 1.0，在 0.006 5 至 0.2 范围内选取悬垂段立管的质量阻尼系数，研究不同系数对 SCR 动力响应的影响。在立管悬吊点分别完成第 1 次与第 50 次循环后，立管贯入海床形状如图 2-14 所示。采用 VFIFE 计算得到的曲线与 OrcaFlex 软件的结果相近，但对于第 1 次循环所成的沟槽，VFIFE 计算所得的沟嘴、沟尾坡度更平缓。选取不同 μ 值时立管最大贯入深度同样存在一定差别：当 μ 为 0.006 5、0.013、0.1、0.2 时，在第 1 次循环后 VFIFE 计算结果分别比 OrcaFlex 软件的计算结果减小 1.91%、1.99%、2.77% 与 3.38%，而在第 50 次循环后，相比减小 0.6%、0.7%、1.0% 和 0.64%，差异有所减小，同时选择较小的 μ 值可使计算结果更为精准。

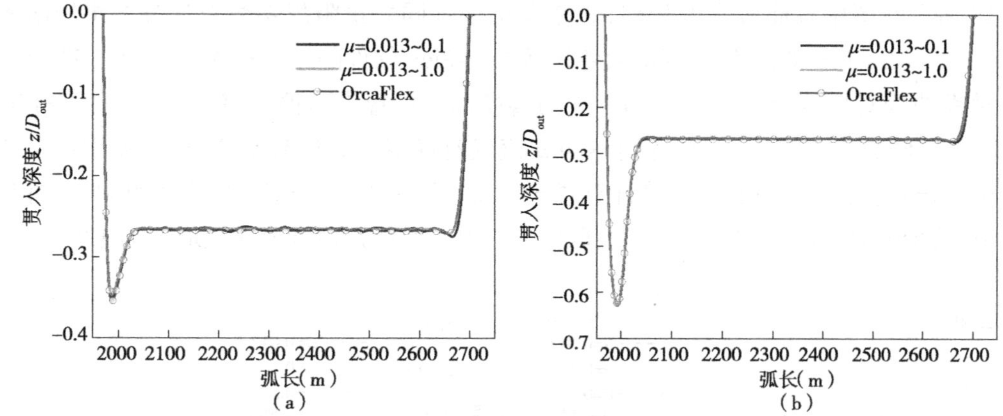

图 2-12　悬垂段与触地段选取不同 μ 值后立管贯入海床形状对比

(a)悬垂段　(b)触地段

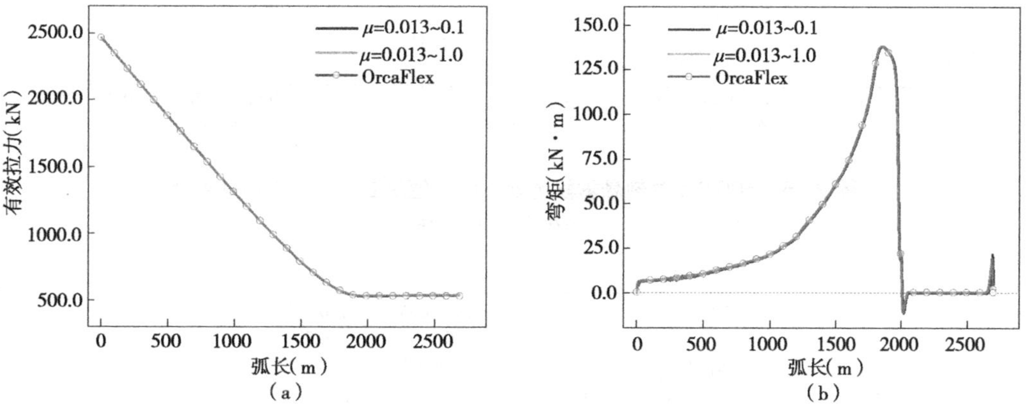

图 2-13　500 s 时立管悬垂段与触地段选取不同 μ 值内力对比

(a)有效拉力　(b)弯矩

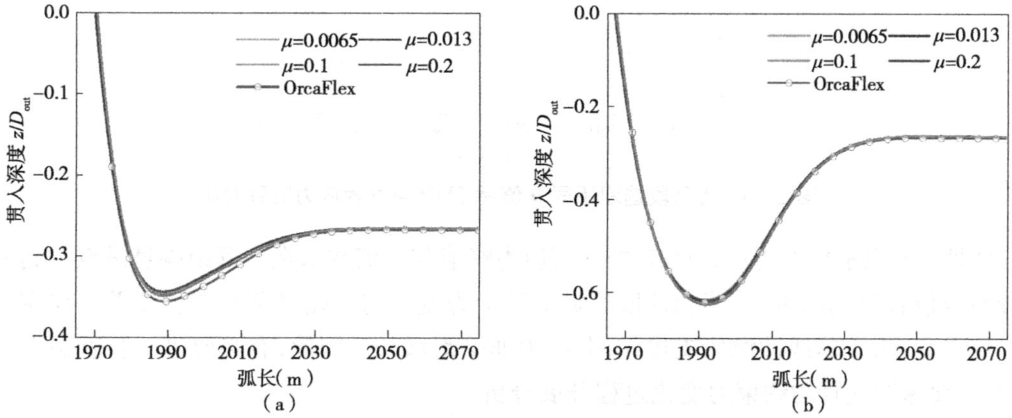

图 2-14　悬垂段选取不同 μ 值后立管贯入海床形状对比

(a)第 1 次循环后　(b)第 50 次循环后

在第 50 次循环内，利用 VFIFE 与 OrcaFlex 软件计算得到的立管拉力与弯矩包络线如

图 2-15 所示。图中各曲线高度相似,悬垂段选用不同质量阻尼系数对计算结果影响不明显,仅当 $\mu=0.1$ 与 $\mu=0.2$ 时,立管最大弯矩较 OrcaFlex 软件的结果稍大。立管在 TMP 处的应力时程曲线对比绘制于图 2-16 中。在加载后期,立管应力循环基本稳定,且 VFIFE 与 OrcaFlex 软件的计算结果一致,选用不同 μ 值仅对峰值应力稍有影响,最大差别小于 3%。以上对比研究表明, VFIFE 可准确计算置于非线性海床上的钢悬链立管动力响应。在后续计算中,质量阻尼系数 μ 在立管悬垂段取值为 0.013,在触地段及流线段取值为 1.0。

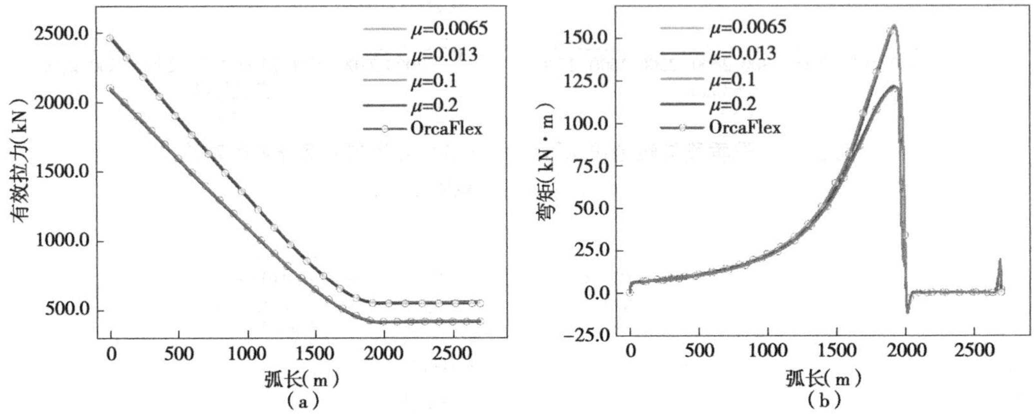

图 2-15 500.0 s 时刻悬垂段选取不同 μ 值后立管内力包络线对比

(a)有效拉力 (b)弯矩

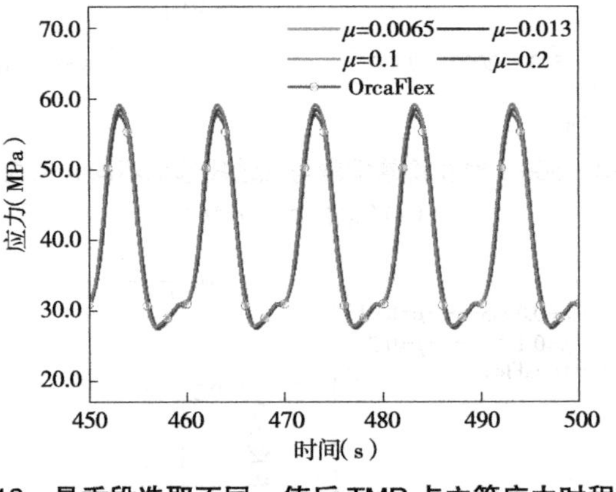

图 2-16 悬垂段选取不同 μ 值后 TMP 点立管应力时程对比

此外,根据图 2-16 所示, TMP 处立管应力峰值与谷值并未在立管顶端悬吊点达到最低或最高点位置时刻出现,表明触地段区域立管应力变化与顶端加载存在相位差。在应力达到谷值点后,由于非线性海床支撑作用,应力非平滑增长。因此,有必要进一步就顶端激励作用下,海床对立管的约束力变化过程开展分析。

2.2.4 梁单元长度选取

在 VFIFE 的钢悬链立管模型中,为提高计算效率,在应力水平较低、波动不显著的悬垂段可以采用较为稀疏的质点排布，增加梁单元长度；而在应力水平较高的触地段区域则应缩短质点间距，增大梁单元密度，以提高计算结果精度。因此，在触地段与流线段梁单元长度保持 1.0 m 的条件下，尝试将自顶端至 1 600.0 m 弧长区间的悬垂段梁单元长度改为 2.0 m、4.0 m、8.0 m，研究不同网格密度混合使用的可行性及分析结果的准确性。

首先，对不同梁单元密度的钢悬链立管开展静态数值分析。计算所得立管静态构型、触地段区域立管贯入海床深度及立管有效拉力未显示差异，立管弯矩变化趋势相近，且最大弯矩差别小于 0.1 kN·m，如图 2-17 所示。然而，当立管各部分的梁单元长度差异过大时，在单元密度变化位置处出现突变，使得相邻单元弯矩失真。因此，在静力分析中，悬垂段立管宜采用 2.0 m 长的梁单元，而在触地段及流线段采用 1.0 m 长的单元，可提高计算效率、保证结果准确性与精度。

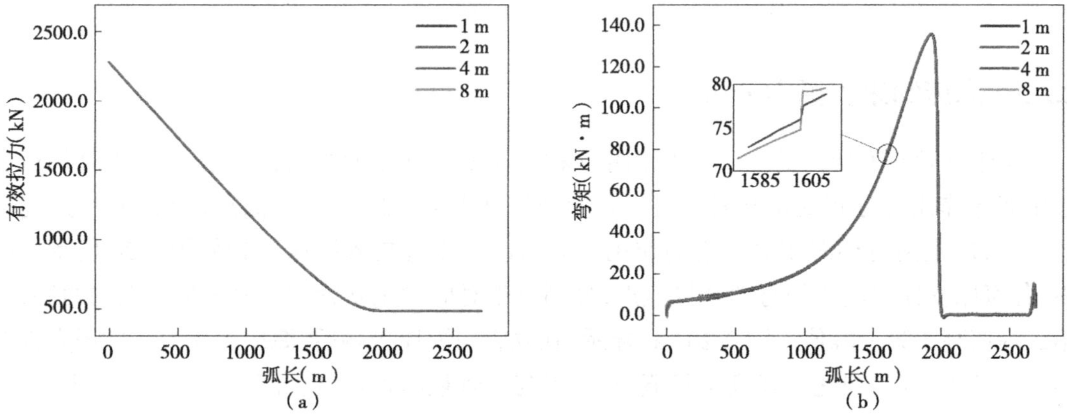

图 2-17　不同网格密度下立管静态内力对比

(a)有效拉力　(b)弯矩

在此基础上，继续验证复合长度梁单元在立管动态分析中的可行性。对立管悬吊点施加竖向循环位移，对比采用复合长度、单一长度梁单元方案在加载第 500.0 s 时立管构型、贯入海床深度及弯矩与有效拉力分布，如图 2-18 和 2-19 所示。计算曲线完全重合，且未发生内力突变情况，表明复合长度梁单元适用于钢悬链立管动态分析。

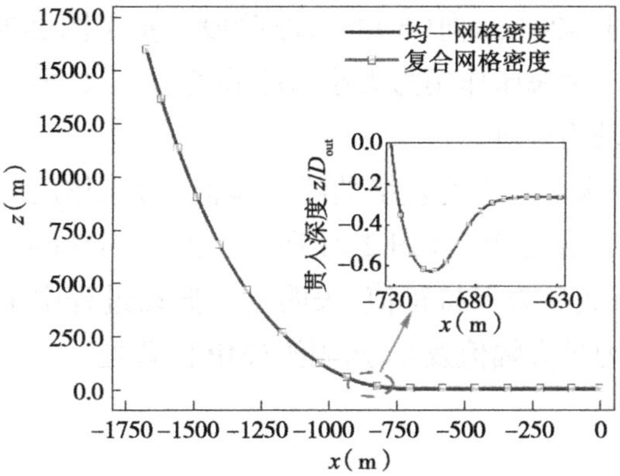

图 2-18　500.0 s 时刻采用不同网格密度计算所得立管构型对比

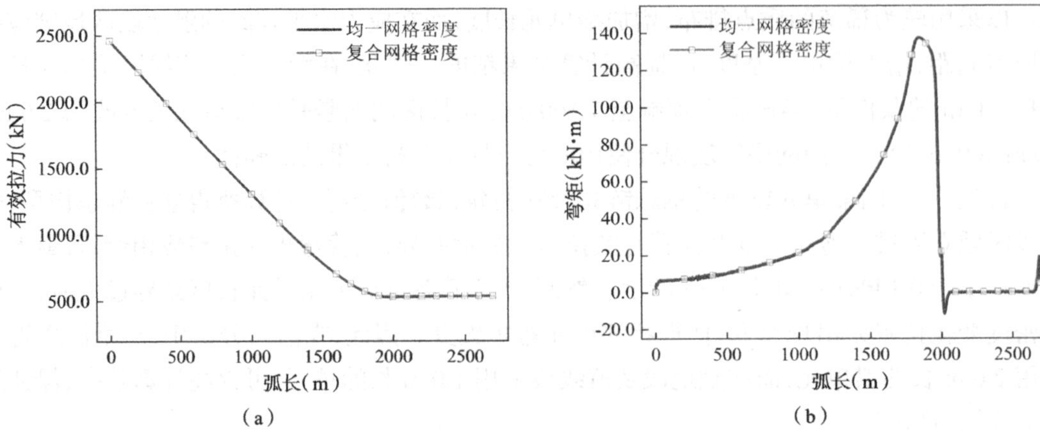

图 2-19 500.0 s 时刻采用不同网格密度计算所得立管内力对比

(a)有效拉力 (b)弯矩

2.2.5 海床约束支撑力分析

由于立管应力变化受海床土体作用力影响显著,故本节对立管顶端第 50 次循环加载过程中海床作用力分布变化开展研究。立管悬吊点于 495.0 s 达到最高点,于 500.0 s 达到最低点时,以上两时刻海床对立管的作用力分布以及立管贯入海床形状如图 2-20 所示。图中,各海床支撑力曲线均有两个峰值点,分别位于对应时刻立管贯入海床最深点的两侧,且第二峰值高于第一峰值。图 2-20(a)显示,在立管与海床接触后,海床支撑力线性增大直至第一峰值点,其后快速下降到至谷值,其位置与立管最深点重合。而在图 2-20(b)中,立管触地点附近海床作用力为负值,表明立管受到吸力作用,但持续范围较短;其后海床对立管的竖向支撑力迅速增大,至拐点后增速放缓,直至达到第一峰值,此后海床作用力变化趋势与图 2-20(a)一致。在沟尾区域,海床竖向支撑力逐渐减小,并在流线段内达到稳定。

根据图 2-16 可知,立管在触地段与悬吊点位置振荡存在相位差, TMP 处立管应力分别于 493.3 s 和 497.0 s 达到峰值和谷值点。以上两时刻海床支撑力分布如图 2-20(c)、(d)所示。在 493.3 s,触地段区域立管向上运动,触地点向流线段偏移,使得立管贯入海床区域缩短,海床支撑力的两个峰值均位于海沟尾部,且峰值与谷值的差异有所减小。而在 497.0 s 时,海床作用力处于由图 2-20(a)向(b)的过渡阶段。基于图 2-20 对比,可以看出 VFIFE 与 OrcaFlex 计算所得各时刻海床作用力大小与趋势基本一致,再次验证非线性管-土模型已成功应用于 VFIFE 立管动力计算。

在该加载循环内,海床作用力的包络曲线与幅值(海床作用力、拉力、弯矩及应力幅值均为加载过程中最大、最小值之差)如图 2-21 所示。由图 2-21(a)可见,土体吸力仅发生于沟嘴区域。其后,最小海底反力保持正值,表明立管振动过程中未与海床分离。如图 2-21(b)所示,海底竖向作用力最大幅值发生于沟槽 TMP 位置处。

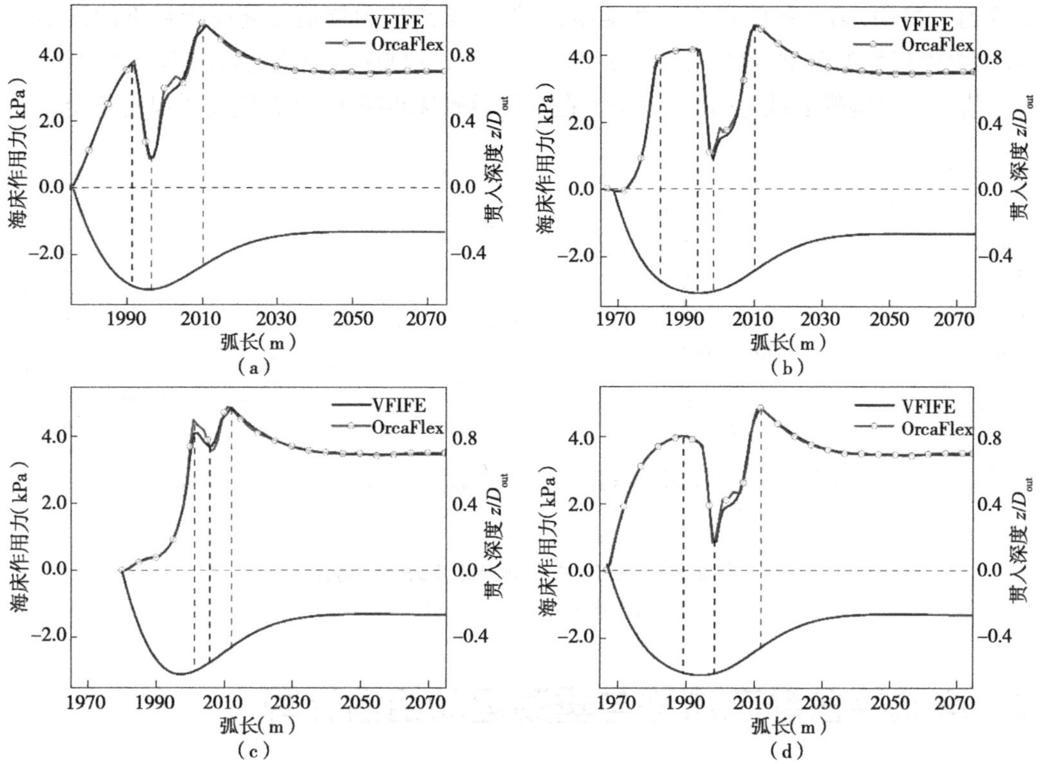

图 2-20　触地段区域海床作用力对比

(a)495.0 s　(b)500.0 s　(c)493.3 s　(d)497.0 s

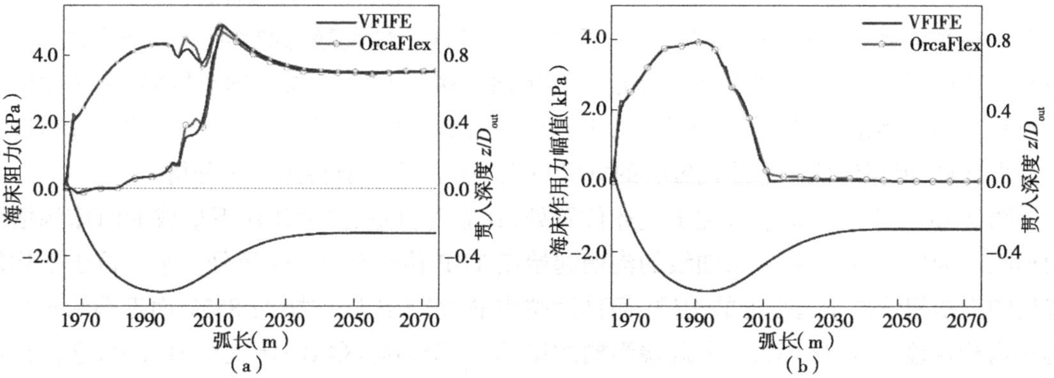

图 2-21　海床作用力包络线与幅值

(a)包络线　(b)幅值

2.2.6　应力幅值分析

触地段立管与海床反复接触会导致其疲劳损伤显著，而损伤程度与立管应力幅值紧密相关。在对立管顶端悬吊点施加第 50 次循环位移激励的过程中，取各点应力幅值为最大应力与最小应力之差，其分布如图 2-22 所示。VFIFE 与 OrcaFlex 软件计算所得曲线一致，立管应力幅值由 SCR 悬吊点开始呈逐渐下降趋势，但在 1 540 m 弧长后逐渐增大，其后达到两个峰值。其中,第二峰值点位于触地段区域,且该点应力幅值显著高于悬垂段的第一峰值,成为立管损伤的关键区域。图2-22(b)对触地段区域应力幅值进行局部放大,显示立管应力峰值点位于沟嘴区域;立管应力幅值在沟尾后侧逐步减小,并在流线段保持稳定。

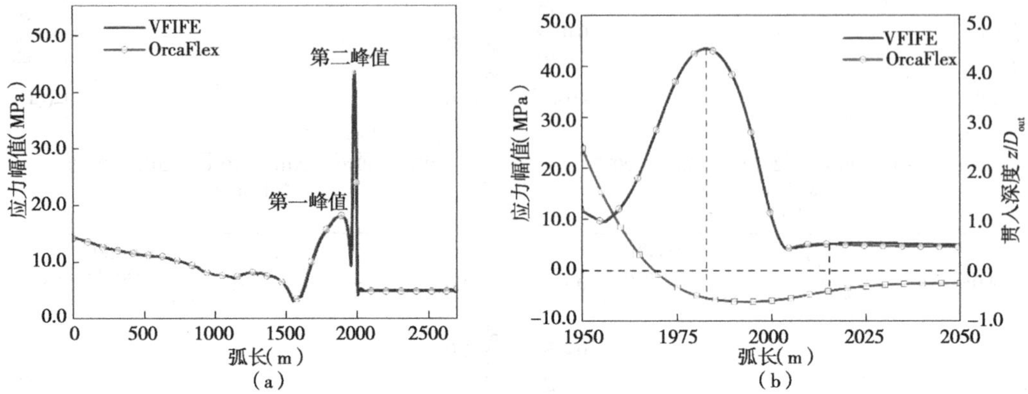

图2-22　第50次循环海床应力幅值对比

(a)沿立管全长分布　(b)沿触地段区域分布

2.3　浮式平台静态漂移与垂荡运动组合计算

2.3.1　平台静态漂移下静态沟槽形状计算

平台位置偏移会引起钢悬链立管悬垂段长度变化、触地点位置偏移,进而影响立管内力分布。在系泊系统保持完好的情况下,浮式平台容许的最大静态漂移距离为水深的10%。白兴兰等已对浮体位于近端极限(靠近立管尾端点移动10%水深)、远端极限(远离立管尾端点移动10%水深)与初始位置处时,钢悬链立管的弯矩、有效拉力、海床支撑力分布进行了静力计算,但浮体位于上述位置时的立管贯入海床深度还有待进一步分析。

图2-23对比了浮式平台位于上述位置处,在立管自重、浮力作用下形成的海床沟槽剖面形状。为便于对比,将三条曲线的沟槽起始点TBP移动至同一位置处。平台位于平均位置处的沟槽相较位于远端处的沟槽(简称远端沟槽)最大深度增加11.85%,而近端沟槽相比远端沟槽深度增加38.73%。在近端沟槽的尾部,由于沟尾区域海床支撑力较大,立管在达到流线段前会出现微小反拱,此时以反拱的最高点作为沟槽的终点。浮体位于不同位置处形成的沟槽长度也存在差别,平均位置处形成的沟槽分别比近端、远端沟槽长4 m、7 m。随着SCR悬吊点逐渐接近尾端铰节点,TBP与TMP之间的距离逐渐缩短。

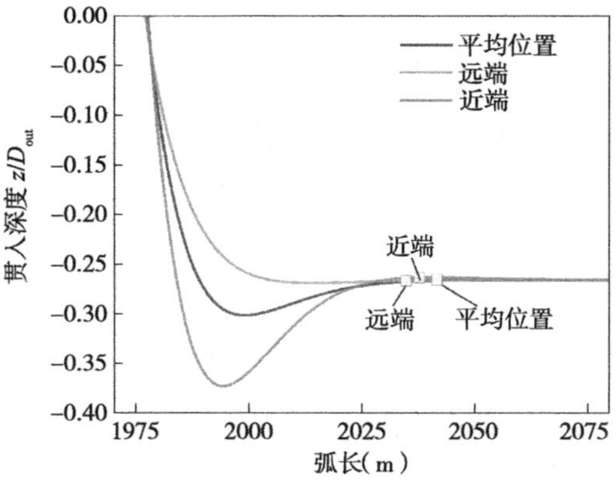

图 2-23　浮体位于不同位置处静态沟槽形状

2.3.2　平均位置下浮式平台垂荡影响

目前,多位学者已就海床刚度和非线性土体参数对 SCR 动力响应的影响进行参数化研究。然而,在不同的浮式平台垂荡运动激励下,仍有必要开展立管触地段区域沟槽形状及疲劳损伤计算。本文主要研究两种加载工况,第一种工况改变立管悬吊点的垂荡加载幅值,保持加载周期为 10.0 s;第二种工况则改变加载周期,保持垂荡幅值为 1.0 m。各工况下垂荡激励参数组合见表 2-3。

表 2-3　垂荡加载工况

工况编号		垂荡幅值(m)	垂荡周期(s)
Ⅰ	Ⅰ-1	0.5	10.0
	Ⅰ-2	1.0	10.0
	Ⅰ-3	1.5	10.0
Ⅱ	Ⅱ-1	1.0	6.0
	Ⅱ-2	1.0	10.0
	Ⅱ-3	1.0	14.0

随着垂荡加载幅值的增大与加载周期的缩短,钢悬链立管加速度更大、动力效应显著,使得海床沟槽的深度和长度有所增加,如图 2-24 所示。在两幅图中,沟槽最大深度呈现非线性增长趋势,随着加载幅值和频率的不断增大,最大深度增量逐渐减小。对于不同的加载工况, TMP 纵向位置变化小于 1 m,表明沟槽最深点位置对顶部垂荡加载参数变化不敏感。当选用更极端的加载参数时,沟槽起点与尾端点同时向两侧延伸,使得沟槽长度增加。

取工况 Ⅰ-2 的立管最大疲劳损伤为 1.0,对其余工况立管疲劳损伤分布进行归一化处理,得到不同工况下触地段区域立管疲劳损伤对比如图 2-25 所示。与沟槽最大深度变化趋势相似,当加载幅值、频率增大时,疲劳损伤峰值显著增长。各曲线峰值点均位于沟槽 TBP 与 TMP 之间,且疲劳损伤较为严重的立管区域随损伤峰值的增大而扩展。

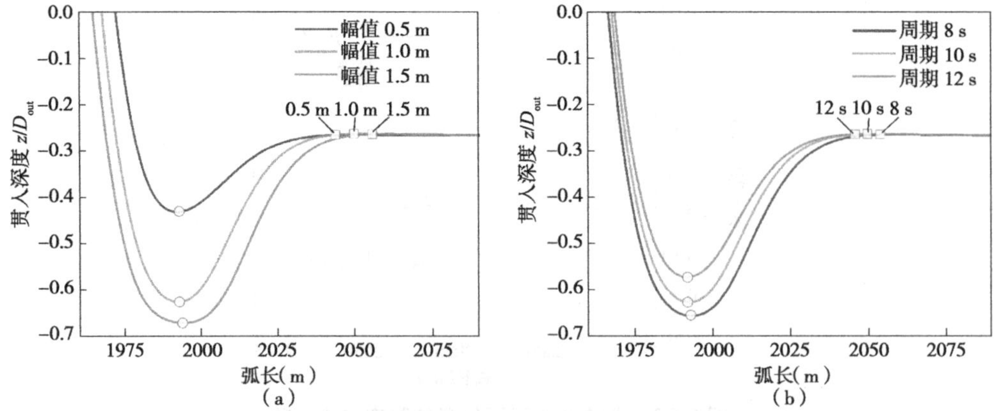

图 2-24　采用不同加载参数计算平均位置处沟槽形状对比

(a)幅值改变　(b)周期改变

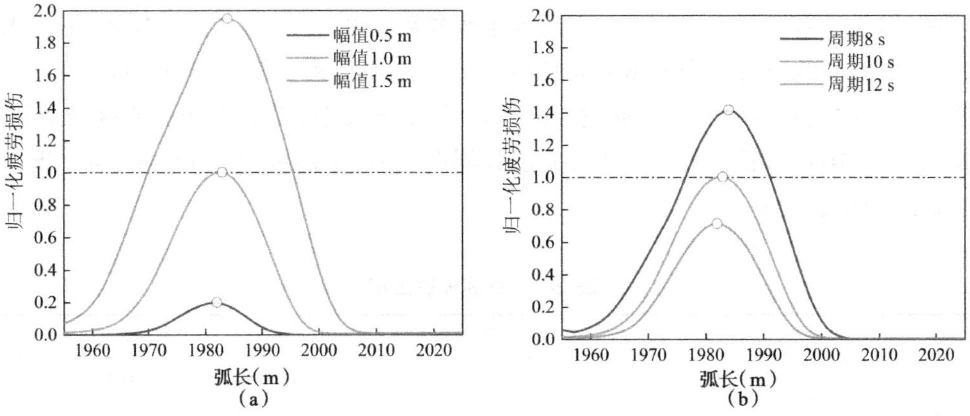

(a)　　　　　　　　(b)

图 2-25　采用不同加载参数计算平均位置处立管疲劳损伤

(a)幅值改变　(b)周期改变

2.3.3　考虑平台静态漂移的立管动力计算

依据表 2-3 所列加载工况，分别计算浮式平台运动至远端极限与近端极限后，SCR 在不同垂荡激励下的动力响应。在各位置处，沟槽长度与最大深度、触地段立管归一化疲劳损伤随加载幅值及频率的变化趋势相同。但以上参数的变化速率仍受到平台位置影响，存在一定差异，需进行详细评估。

图 2-26(a)为立管位于不同位置处，根据工况Ⅰ完成 50 次加载循环后，沟槽最大深度对比。随着 SCR 悬吊点向触地段方向移动，沟槽最大深度有所增长。当振幅由 0.5 m 增加到 1.0 m 时，近端曲线斜率大于远端曲线斜率；当加载幅值继续增加时，各曲线斜率均明显下降，表明随加载幅值增大，沟槽深度虽有所增长，但由于海床深处土体强度增加、对立管支撑力增大，沟槽深度增长速率逐渐放缓，且当平台位于近端与平均位置处斜率变化更为明显。不同位置立管在加载工况Ⅱ下形成的沟槽最大深度如图 2-26(b)所示。沟槽最大深度

随加载周期的增加而减小，且近端与远端位置对应曲线呈负线性趋势，而平均位置对应曲线则在加载周期较大时，下降速率有所加快。

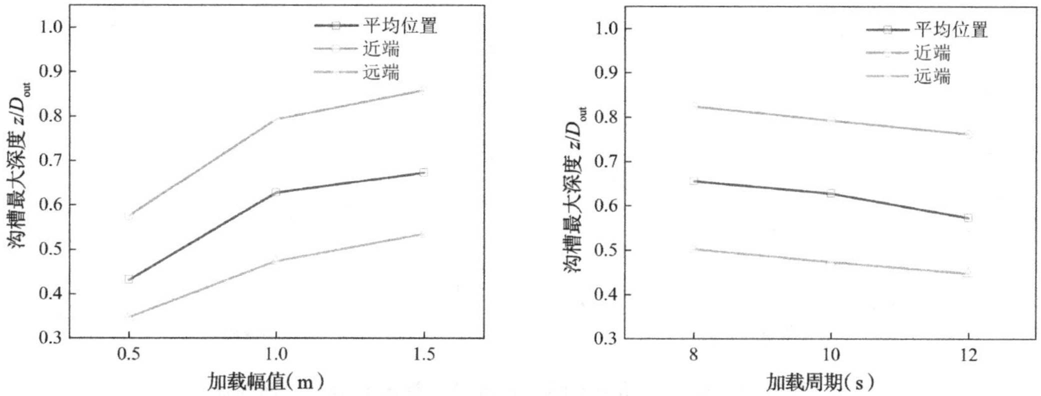

(a)　　(b)

图 2-26　浮体移动至不同位置计算所得沟槽最大深度对比

(a)加载工况Ⅰ　(b)加载工况Ⅱ

与沟槽最大深度变化趋势不同，当浮式平台位置远离 TDP 时，沟槽长度增加，如图 2-27 所示。因此，当立管顶端悬吊点靠近立管尾端点时，沟槽剖面短而深；而在顶端远离尾端时，沟槽剖面长而浅。从图中还可以看出，平均位置与远端位置曲线间距大于平均位置与近端位置曲线间距。此外，在各位置处，沟槽长度与加载幅值呈近似正线性相关关系，而与加载周期呈负线性相关关系。

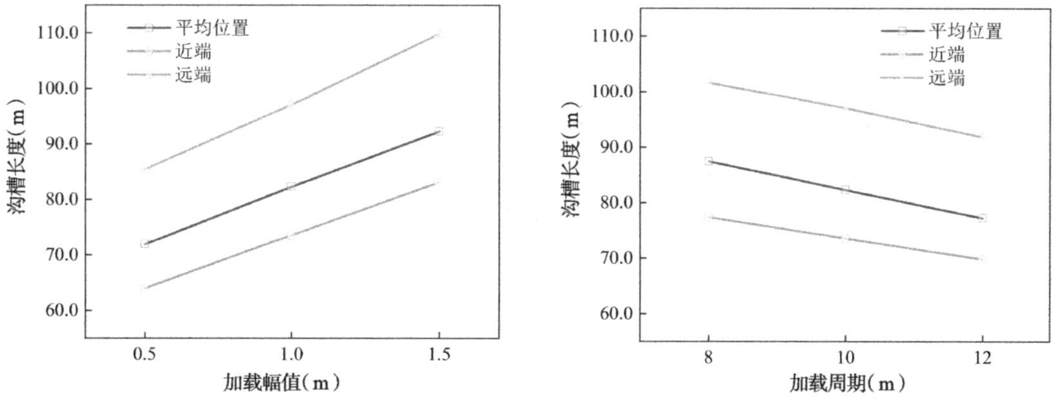

(a)　　(b)

图 2-27　浮体移动至不同位置计算所得沟槽长度对比

(a)加载工况Ⅰ　(b)加载工况Ⅱ

海上平台位于不同位置处，各加载工况下立管的最大归一化疲劳损伤对比如图 2-28 所示。其中，将立管顶端处于平均位置，加载幅值为 1.0 m、周期为 10.0 s 计算所得的立管最大疲劳损伤定义为 1.0。相比立管在平均位置与远端时的计算结果，平台移动到近端后进行垂荡加载引起的立管疲劳损伤显著增大。在疲劳损伤对比图中，各曲线均表现出明显非线性，且其斜率随加载幅值增大与周期降低而加大，在平台位于近端时疲劳损伤增速变化尤为显著。

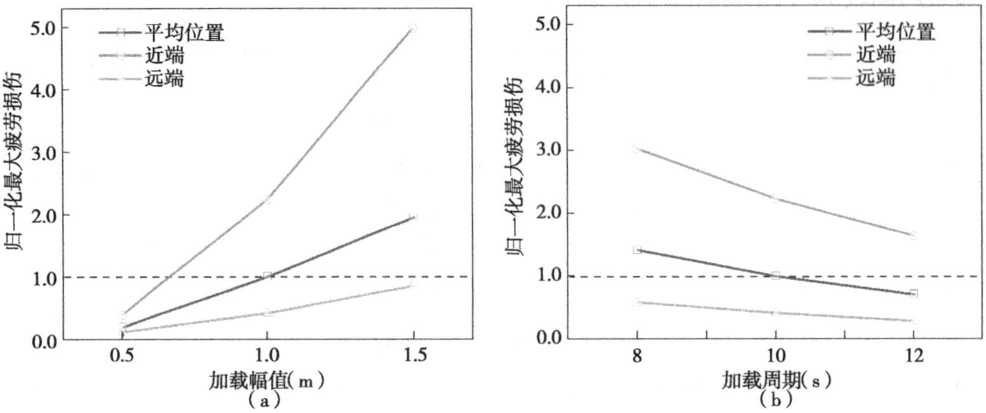

图 2-28 浮体移动至不同位置计算立管最大疲劳损伤对比

(a)加载工况Ⅰ (b)加载工况Ⅱ

本章部分图例

说明:为了方便读者直观地查看彩色图例,此处节选了书中的部分内容进行展示。页面左侧的页码,为您标注了对应内容在书中出现的位置。

第 3 章　钢悬链立管触地段全尺寸室内试验

为研究管-土接触对钢悬链立管动力响应影响，可将 SCR 在海床上方一定高度处截断，取该点下方立管作为试验对象，对其顶端进行循环加载，监测立管受力与海床变形过程。本章借鉴国内外相关试验平台优点，研制钢悬链立管触地段全尺寸试验平台，首次实现对立管截断点进行弯矩与循环位移的联合加载，加载幅值与频率较同类装置显著提升。

依托该试验平台，开展多组全尺寸立管试验，确定钢悬链立管在循环竖向、横向运动过程中的应力分布，分析沟槽剖面、平面形状及黏土海床对立管的支撑、约束效应，研究不同加载参数对试验结果的影响。将试验数据与数值计算结果进行对比，进一步验证有限元程序及非线性竖向管-土相互作用模型的准确性。

3.1　钢悬链立管触地段全尺寸室内试验平台

3.1.1　试验平台布局

本试验平台由混凝土试验槽、加载系统、制备黏土的搅拌系统组成，其整体设计如图 3-1 所示。试验槽总长 20.05 m、净宽 3.0 m、深 2.0 m，底部布设桩基础与承台梁保证基础稳定性。于试验槽左端侧壁顶部安装角钢，作为加载装置的支撑导板；纵向侧壁安装轨道，便于搅拌装置运行。试验槽内外均安装不锈钢板，避免混凝土磕损、钢筋锈蚀。试验立管采用无缝钢管加工制成，其外径为 6 inch（152.4 mm），与“陵水 17-2”项目中某 SCR 的外径一致。试验管长为 17.0 m，两端通过法兰分别与加载装置及弹性支座连接。在试验立管就位前，调整加载装置在试验槽长度方向的位置并固定。通过操控台完成加载参数设定，并实时采集数据。图像采集系统利用多个摄像头对立管运动与土体变形过程进行摄录，并在立管运动超限时报警，避免试验槽及加载系统损坏。

图 3-1　试验平台整体设计

3.1.2 加载系统

加载系统由支撑架、十字滑台、位移加载系统、弯矩加载系统、弹性支座、液压动力单元及控制系统组成。前四部分组合形成加载装置(图3-2),实现对立管顶端截断点的弯矩、循环位移加载。支撑架由方钢管与钢板焊接制成,并利用加劲板提高整体刚度,用于支承设备与试验立管自重、避免动力荷载下发生过大变形。十字滑台则为试验立管顶端运动提供导向,其结构可分为上部与下部框架。上部框架中的滑块带动下部框架沿四根水平圆杆导轨横向运动,而弯矩加载系统可带动试验立管沿下部框架的四根竖向导轨垂直滑动。

图 3-2 加载装置

位移加载系统包括一个侧向、一个竖向、两个轴向液压千斤顶。侧向千斤顶行程为1.01 m,可控制十字滑台在支撑架上横向滑动,进而对试验立管进行水平循环位移加载;固定于十字滑台顶部的竖向液压千斤顶作动行程为1.2 m,用于对试验立管顶端施加竖向循环位移荷载。两个轴向液压千斤顶底部固定于试验槽角钢上,用于调节支撑架的初始位置,不参与试验动态加载。弯矩加载系统顶端与竖向千斤顶活塞杆相连,前端安装法兰以连接试验立管,在静态加载阶段对试验立管顶端施加弯矩,得到立管静态构型;在动态位移加载阶段则利用机械锁紧装置使立管端部转角保持恒定。

装配后的液压动力单元如图3-3所示,包括一台功率55 kW的电机和四台功率22 kW的电机、液压泵、空气冷却系统、油箱以及压力表与电磁阀组等设备,为加载装置提供动力。配套的阀台由压力传感器、伺服阀、蓄能器、过滤器、电控柜等组成(图3-3(b)),进行电信号的采集和传输,并控制加载装置作动。

固定于试验槽右端侧壁的弹性支座与试验立管尾端连接,模拟截断点后方管段对其的约束支撑作用。其结构可分解为两个固定支座和一个活动支座。各固定支座通过高强螺栓锚固于试验槽。滑动支座外伸钢板可沿固定支座的导杆垂直滑动,由多个竖向弹簧为该方向提供刚度。活动支座的前端板与两侧外伸钢板焊接,仅可发生竖向位移;后背板与前端版竖向位置保持一致,但可沿水平导杆轴向滑动。轴向弹簧两端分别与前后端板固定,为立管尾端轴向位移提供弹性约束。对于全尺寸钢悬链立管试验,选取刚度较大的竖向弹簧可防止立管尾端贯入海床深度最大;选定的轴向弹簧刚度则相对较低,避免循环位移加载过程中立管中存在过大的轴向力。后背板上固定带法兰的球铰,便于和立管尾端相连,并保证立管尾端自由转动。

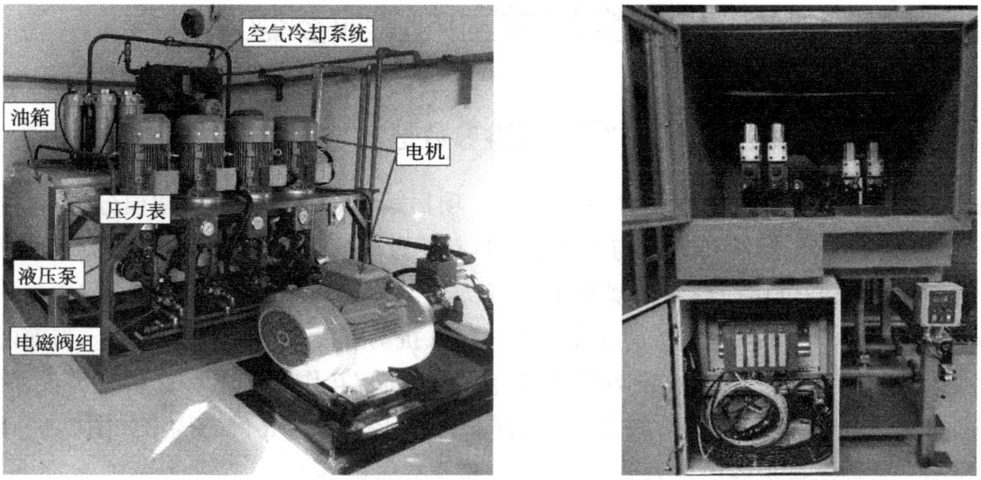

(a) (b)

图 3-3 液压动力单元装配图

(a)液压动力单元 (b)配套阀台

3.1.3 土体搅拌系统

试验海床土体性质对立管受力及土体变形影响显著，应确保制备的试验黏土与海底黏土具有相近的不排水抗剪强度，保证试验结果的准确性。除此之外，试验土体的均匀性是需要保证的另一项关键指标。试验黏土可由高岭土粉加水搅拌制成，也可挖取浅海或现场原位黏土进行配置。由于浅海黏土中可能掺杂砂石杂质，因此需通过晾晒、筛分等步骤，得到较为纯净的黏土粉。由于黏土渗透性低，在加入足量水并等待较长时间后，试验土体可能仍未完全浸透饱和，且各区域土体性质存在差别。为解决上述问题，研制土体搅拌系统，搅拌刀头可按程序设计，沿试验槽长度、宽度、深度方向运动的同时不断搅拌，保证槽内黏土充分拌和均匀，如图 3-4 所示。在土体制备过程中，首先分次将黏土粉倒入试验槽，并依次加入对应量的水，利用搅拌装置进行拌合；然后，试验黏土可在自重或真空预压下固结，提高黏土强度。试验前，可将搅拌刀头换为刮板，令其沿试验槽长度方向运动，刮平黏土海床。

图 3-4 土体搅拌系统

3.2 钢悬链立管触地段全尺寸室内试验参数及过程

3.2.1 钢悬链立管触地段全尺寸室内试验参数选定

首先，利用向量式有限元程序对“陵水 17-2”项目某钢悬链立管进行建模分析，计算立管静态、动态内力分布，以模型立管与工程立管具有相近的荷载水平、动力响应为目标，确定试验中施加的弯矩与位移荷载。原型 SCR 总长为 2 130 m、外径 168 mm、壁厚 18.3 mm，所处海域均为黏土海床，其不排水抗剪强度为 4~8 kPa、抗剪强度梯度为 1.5 kPa/m。与前两章模型相似，该立管顶、底两端点均设为铰节点，管-土竖向相互作用采用 R-Q 模型替代，除黏土抗剪强度外，土体模型其余参数与表 2-2 相同。计算所得该 SCR 静态构型如图 3-5 所示。图 3-6 显示立管静态弯矩峰值点为 17.48 kN·m，位于立管触地点之前。

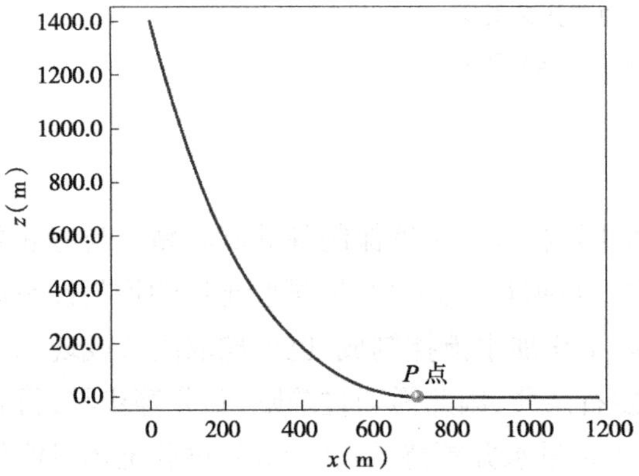

图 3-5 钢悬链立管静态构型

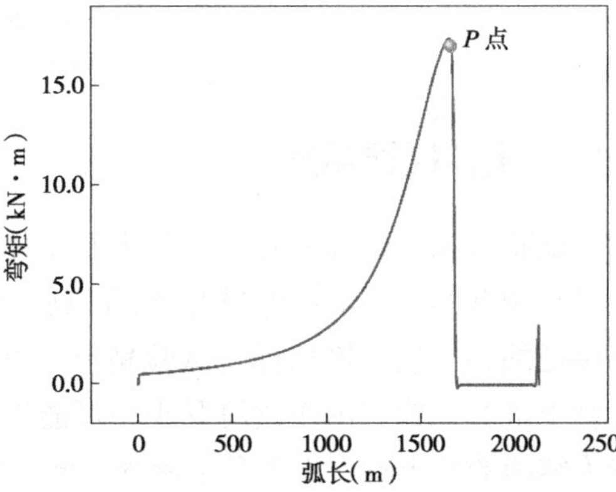

图 3-6 钢悬链立管静态弯矩

选定距离 SCR 顶端 1 660.0 m 处的 *P* 点作为截断点，拟选取其下方部分立管开展模型试验。在原型立管达到静态构型时，该点与海床的竖向距离为 0.3 m。当对立管顶端施加幅值为 1.0 m、周期为 15.0 s 的浮式平台垂荡位移后，可得到 *P* 点位移时程曲线，如图 3-7 所示。图中曲线与正弦曲线相近，因此试验可采用简谐位移加载的方案。在改变平台垂荡位移后，*P* 点与立管顶端位移幅值呈近似线性关系，如图 3-8 所示，因此可由该直线近似推测浮式平台发生不同垂荡运动时，需对截断点施加的位移幅值。当浮体垂荡幅值达到 1.5 m 时，*P* 点竖向移动距离为 0.72 m(幅值 ±0.36 m)，仍在液压千斤顶作动行程之内。与之相似，截断点横向位移范围同样小于侧向千斤顶行程。

在立管触地段全尺寸室内试验中，选用的模型立管外径同样为 168 mm，但其壁厚减薄至 8.0 mm，使立管可在较短的长度内发生较大弯曲变形，同时降低端部弯矩加载值。加载系统可对试验立管顶端施加弯矩与双向循环位移荷载，位移幅值与原型 SCR 的 *P* 点运动幅值相近。但在动态加载过程中，由于加载端位置持续变化，弯矩加载系统无法对立管顶端施加精准的实时弯矩荷载。因此，试验立管在端部弯矩、自重、浮力及土体支撑力作用下达到静态平衡后，将顶端转角锁紧，并在后续加载过程中保持不变。尽管该方案使试验立管的应力分布、波动与原型立管存在一定差异，但仍可模拟触地段立管的循环振动及管-土相互作用，同时便于确定数值模型中 SCR 的边界条件。此外，本次研究的两个主要目标在于：分析海床作用力对试验立管动力响应的影响，以及验证数值分析程序与土体模型的准确性，因此试验对弯矩边界条件进行简化是可行的。

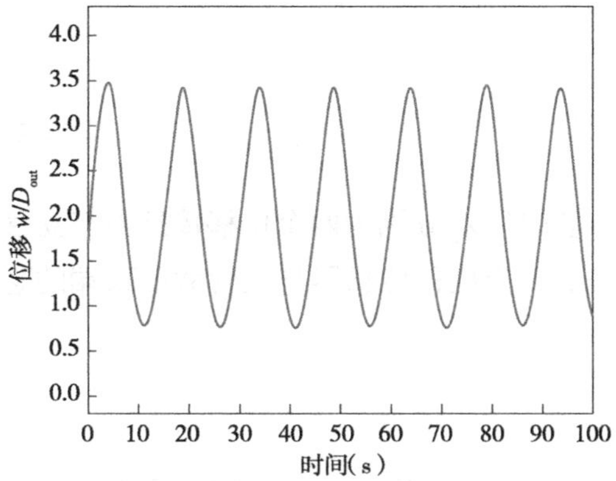

图 3-7　*P* 点位移时程

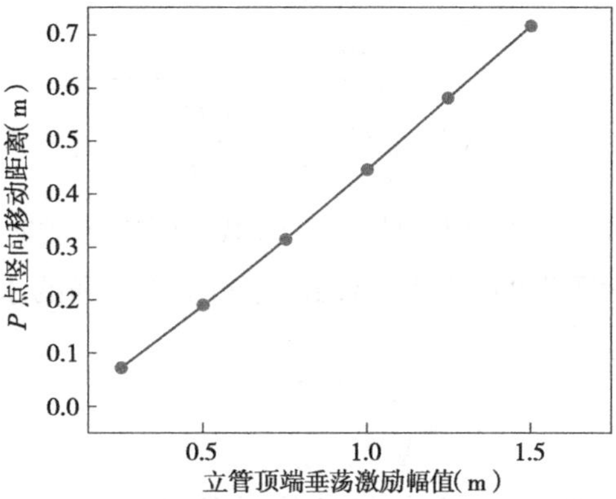

图 3-8　*P* 点竖向移动距离与立管顶端垂荡激励的关系

3.2.2　试验测量及数据采集方案

为实时监测立管应力变化、确定弯矩与轴向拉力分布，沿试验立管长度选取九个截面粘贴应变片，布置方案如图 3-9 所示。在各截面上，以 90° 为间隔粘贴四个应变片。为避免应变片长期浸水、受冲击失效，在各应变片上涂 704 胶，并将混合 914 胶的纱布包裹于各截面，干硬后形成硬壳保护层。由于钢制立管在试验过程中保持弹性，应力、弯矩与拉力可根据应变数据计算：

$$T = E\varepsilon_{ave}A \tag{3-1}$$

$$M = \frac{E\Delta\varepsilon/2}{D_{out}}I_z \tag{3-2}$$

式中：T 为立管轴向拉力；E 为钢材弹性模量；ε_{ave} 为截面上四个应变片测得应变的均值；A 为截面面积；M 为立管竖向或横向弯矩；$\Delta\varepsilon$ 为弯矩所在方向两应变片测得应变数据的差值；D_{out} 为立管外径；I_z 为截面惯性矩。

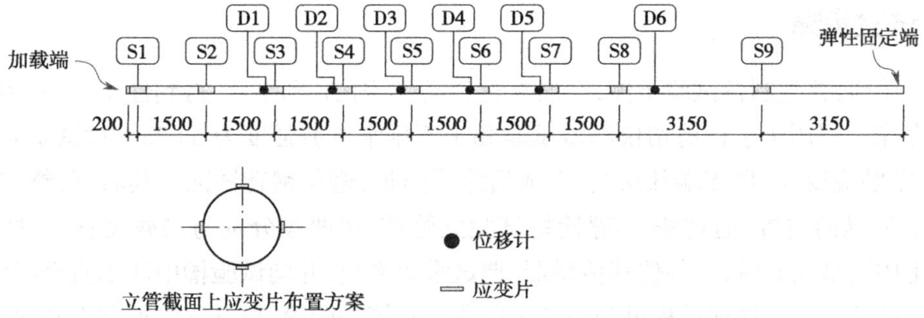

图 3-9　应变片及位移计布置方案（单位：mm）

安装六组拉线式位移传感器以测定试验立管位移，沿立管轴向的点位布置如图 3-9 所示。为同时测定立管平面内与平面外循环振动，各组内两位移传感器斜向布置，传感器端固定于试验槽轨道上，伸出线与立管截面顶部连接，如图 3-10 所示。立管各点位竖向与横向位移，可根据立管初始位置及位移传感器测得的变化量计算，公式如下。

$$\Delta H = \frac{L_1'^2 - L_2'^2}{2L_H} \tag{3-3}$$

$$\Delta V = \sqrt{L_1'^2 - \left(\frac{L_H^2 + L_1'^2 - L_2'^2}{2L_H}\right)^2} - L_V \tag{3-4}$$

式中：ΔH、ΔV 分别为立管截面竖向与横向位移分量；L_1'、L_2' 分别为两个位移传感器与立管截面顶端的实时距离；L_H 为两位移计间的水平距离；L_V 为位移传感器与立管截面顶端的竖向距离，

$$L_V = \sqrt{L_1^2 - \frac{L_H^2}{2}} \tag{3-5}$$

其中，L_1 为初始状态下，位移传感器与立管顶端的距离。应用以上公式计算，需保证同一截面上两位移传感器位于相同的高度。由于立管初始位置与试验槽中心线重合，因此立管截面顶端与两位移传感器水平距离相等。

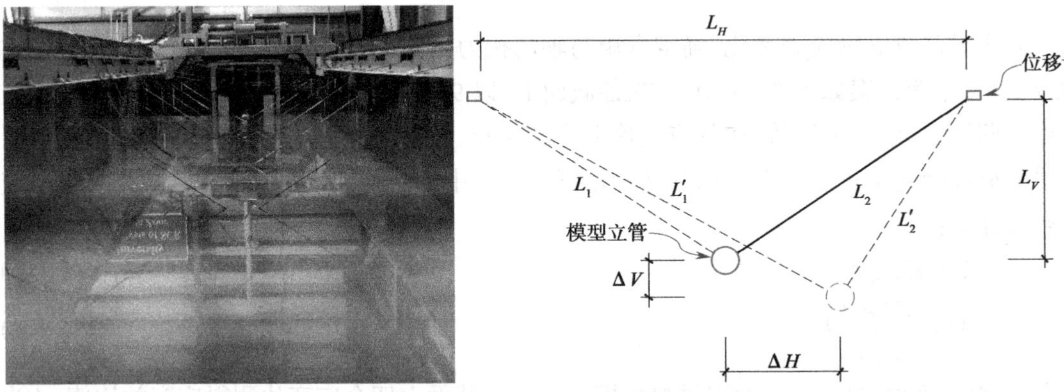

（a） （b）

图 3-10 位移计布置及安装

（a）位移计算方案 （b）位移计安装

3.2.3 试验步骤

在试验前，首先制备试验土体，经加水充分搅拌、固结、刮平后，得到性质均一、表面平整的试验海床。利用十字板剪切仪测得试验黏土不排水抗剪强度为 6 kPa。对试验立管进行抛光，并粘贴应变片、焊接端部法兰，完成后涂漆防护，避免钢管锈蚀。其后，调整支撑架在试验槽上的纵向位置，通过法兰-螺栓将试验立管首、尾两端分别与加载装置、弹性支座连接。待土体固结完成后，安装位移传感器、调试采集系统，并向试验槽中注水直至浸没立管，随后开始试验。立管加载过程可分为三个阶段。在第一阶段，提升立管加载端竖向位置，使

其高于尾端 300 mm。由于试验立管壁厚低于原型立管,对试验立管端部施加的弯矩应根据截面惯性矩降低幅度进行调整,保证试验立管应力水平与原型立管相近。对于壁厚 8 mm 的钢管,本次试验施加的弯矩荷载为 9.2 kN·m。在各位移传感器位移变化量小于 1 mm 时,认为试验立管已达到静态平衡状态。

第二阶段对试验立管顶端施加多组竖向循环位移荷载。通过改变各组位移加载幅值与周期,研究其对立管内力响应的影响。此外,前期选取较大的加载幅值可使得沟槽加深,进而影响后续立管应力分布。因此将加载顺序作为另一研究因素。具体加载工况见表 3-1。

表 3-1　试验加载工况

加载顺序	加载方向	加载幅值(m)	周期(s)
1	竖向	0.1	20
2		0.2	20, 15, 10
3		0.3	20, 15, 10
4		0.2	15
5	横向	0.1	15
6		0.2	15

第三阶段保持试验立管截断点转角不变,改为施加多组平面外横向循环位移荷载。根据前两章研究结果可知,尽管立管竖向运动是引起立管应力波动与疲劳损伤的主要因素,而立管横向运动亦可使得沟槽宽度增大、立管受力有所改变。在加载结束后,将水抽到试验槽外,观测形成的沟槽形状。

3.3　钢悬链立管触地段全尺寸室内试验结果分析

3.3.1　静钢悬链立管触地段全尺寸室内态加载阶段

在 SCR 铺设安装过程中,立管由于浮体与环境荷载作用而发生振动,使得海底土体受到扰动,立管贯入海床深度大于仅在自重作用下达到的深度。而在 SCR 投产阶段,当浮体发生平面外运动时,立管初始贯入深度增加也会引起更大的海床横向阻力。为考虑该因素影响,在土体固结过程中,将试验立管平置于海床表面,以预先产生浅沟槽。试验前,测得海床表面与沟底之间的最大距离为 105 mm。

在立管顶端提升 300 mm 并施加弯矩荷载后,试验立管形成的静态构型如图 3-11(a)所示。本次试验采用钢管,其刚度显著高于文献中所用的聚乙烯(Polyethylene, PE)与聚氯乙烯(Polyviny Chloride, PVC)材质塑料管,立管全长均出现明显弯曲变形,因此立管尾端点未进入流线段,其转角不为 0。利用 VFIFE 模型计算所得的立管构型与试验结果相近,验证数值模型的可靠性。试验与数值分析得到的试验立管弯矩分布如图 3-11(b)所示。弯矩由加载端开始逐渐增大,在弧长为 7.0 m 处达到峰值,其后在接近尾端时逐渐减小至零。

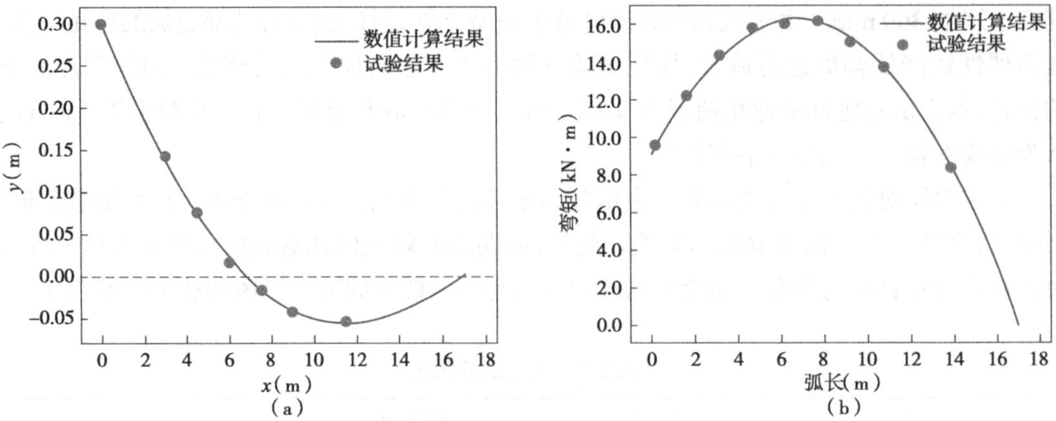

图 3-11 试验立管构型与静态弯矩

(a)静态构型 (b)弯矩分布

3.3.2 竖向循环加载

3.3.2.1 加载幅值影响

首先,对立管截断点施加幅值为 100.0 mm、周期为 20.0 s 的竖向循环位移荷载,在数次循环后,提高位移幅值为 200.0 mm,同时保持周期不变。在此过程中,将图 3-9 中立管的 S2、S5 与 S8 截面上的平面内应力时程曲线绘制于图 3-12 中,同时将其与 VFIFE 分析结果进行对比。以上三截面的应力值均在立管加载端提升过程中逐渐降低。根据图 3-12(a)可见, S2 截面处立管应力时程曲线接近三角函数曲线,当加载幅值增大后, S2 截面应力峰值与应力幅显著提高,而应力谷值降低相对较小。

对于 S5 与 S8 截面,立管应力时程与 S2 截面存在较大差别,如图 3-12(b)、(c)所示。在试验立管中部向下运动,开始与海床接触前,其应力达到第一峰值点。随后,土体竖向支撑力随管段贯入土体深度增加而逐渐增大,使得立管中部弯矩有所降低,进而引起该区域应力呈下降趋势。与 S5 相比, S8 截面处立管应力波动更为显著。S5 截面处应力在立管顶端达到顶点时降至最低,而 S8 截面处应力谷值出现于立管向下运动贯入海床的过程中。在立管埋深达到最大、开始向上运动时,海床竖向支撑力迅速消散,立管应力达到第二峰值点。受海床黏土吸力作用,应力第二峰值点应力可略高于第一峰值点。此外,随顶端加载幅值增大, S5 与 S8 截面处立管应力谷值变化较峰值变化更为明显。图 3-12 中数值计算结果亦可还原在海床作用力影响下,立管各截面应力的波动过程,且与试验结果接近。

在由第二加载工况过渡至第三加载工况后,顶端位移加载幅值提高至 300.0 mm,立管应力幅值继续增大,但波动趋势相近,如图 3-13 所示。在立管顶端加载幅值由 100.0 mm 增大至 200.0 mm 时,S2、S5、S8 截面处应力幅值分别提高 139.9%、74.0% 与 203.4%;在幅值继续增加至 300.0 mm 时, S2 与 S8 截面应力幅值提高比例有所下降,分别为 104.6% 与 63.6%,而由于 S5 应力谷值改为在立管贯入海床过程中发生,其应力幅值提高比例有所增大,为 114.3%。

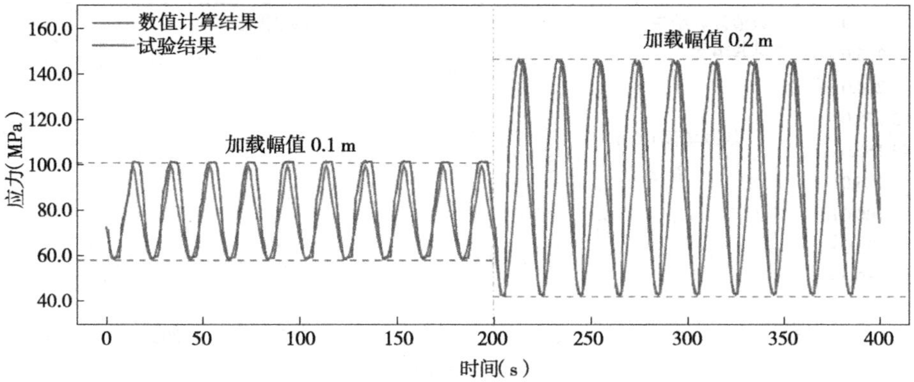

(a)

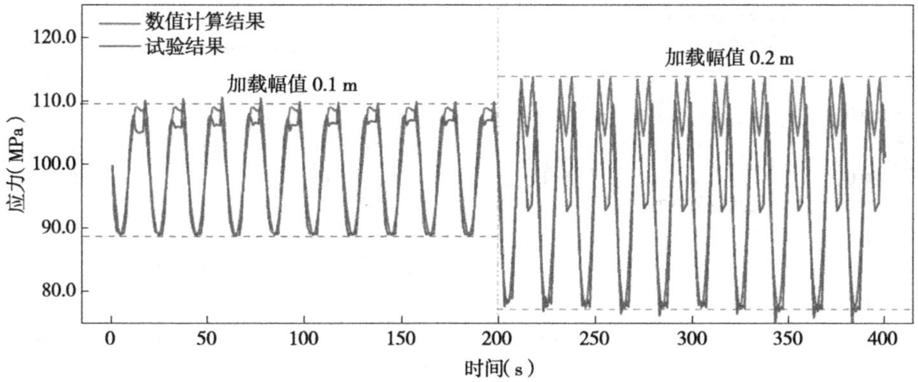

(b)

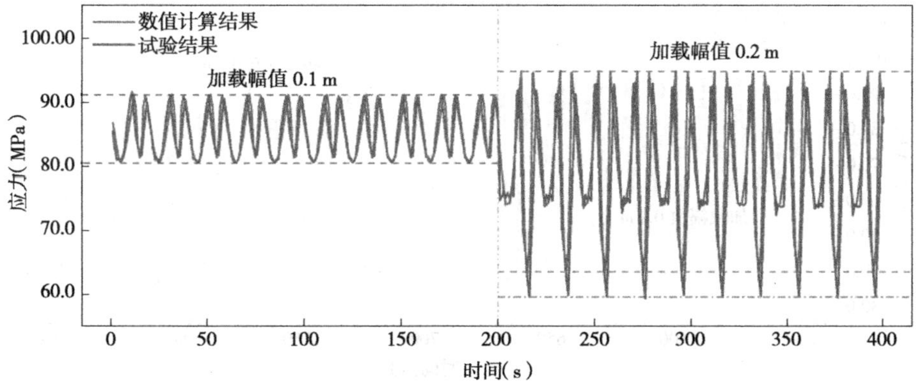

(c)

图 3-12 加载幅值由 100.0 mm 增大至 200.0 mm 过程中立管平面内应力时程

(a)S2 截面 (b)S5 截面 (c)S8 截面

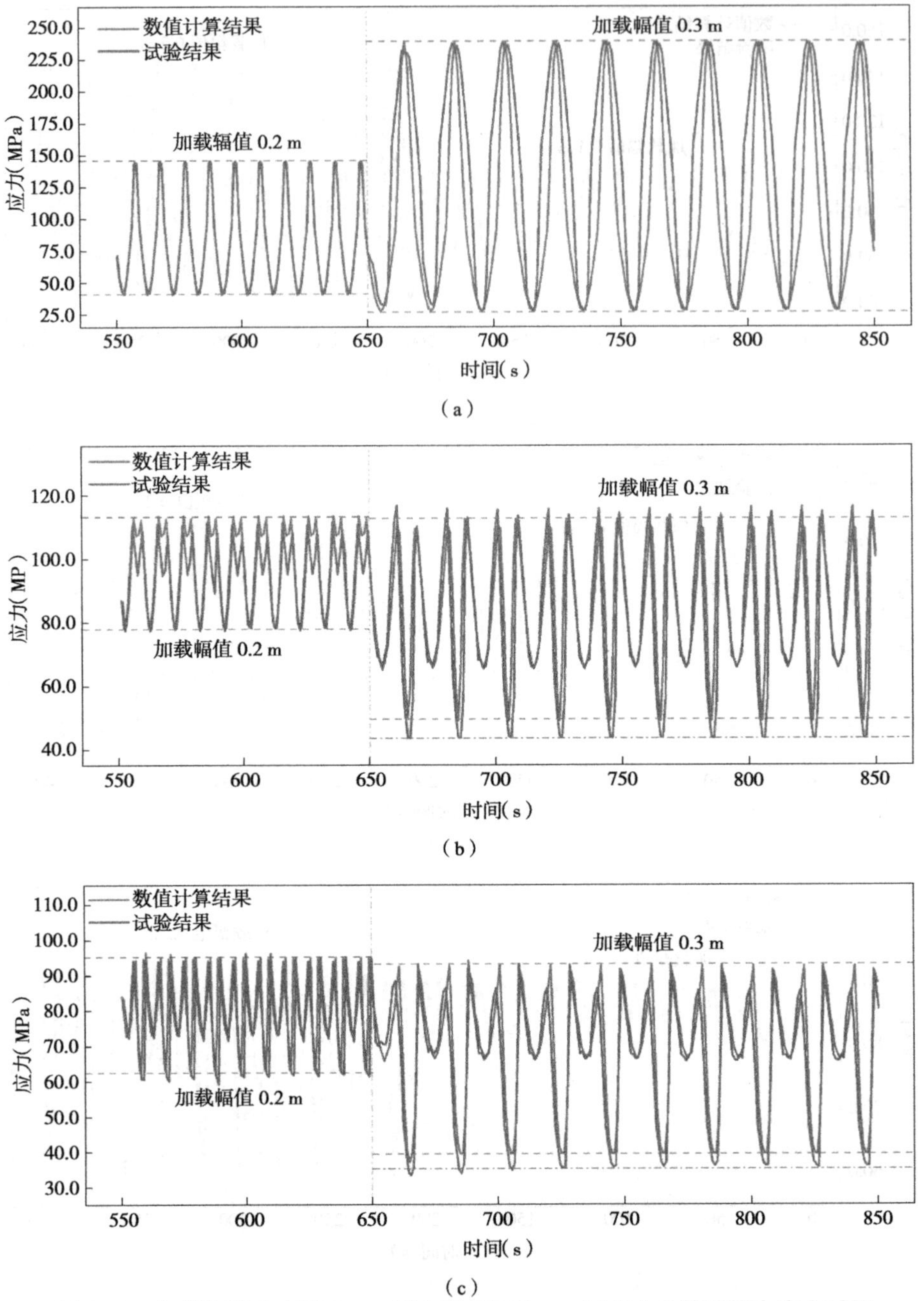

(c)

图 3-13　加载幅值由 200.0 mm 增大至 300.0 mm 过程中立管平面内应力时程

(a)S2 截面　(b)S5 截面　(c)S8 截面

3.3.2.2　加载周期影响

保持加载幅值不变,分别选取 20.0 s、15.0 s、10.0 s 作为加载周期,研究其对立管内力响应的影响。以第二加载工况为例,加载幅值选为 200.0 mm 时,S2、S5、S8 截面处立管应力时程如图 3-14 所示。对于不同加载周期,立管应力变化趋势一致,最大、最小应力变化不明显,应力幅值最大差别亦小于 5%。其原因为试验立管长度较短,降低加载周期难以使立管动力响应明显放大。但对于原型立管,降低加载周期会使立管运动加剧,触地段区域位移与应力幅值显著提高。

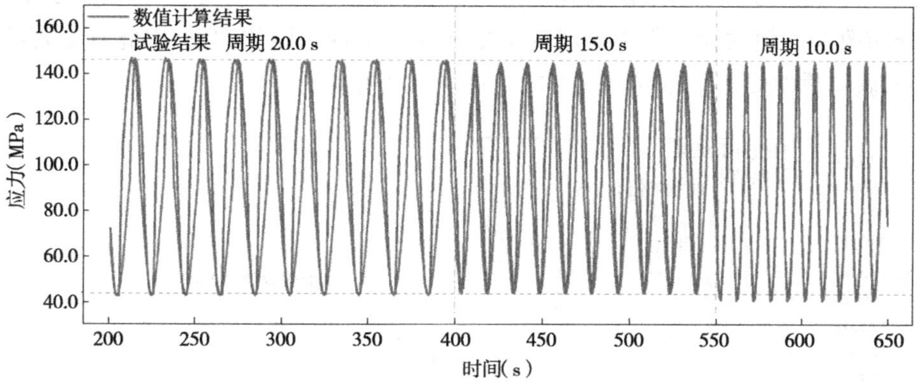

(a)

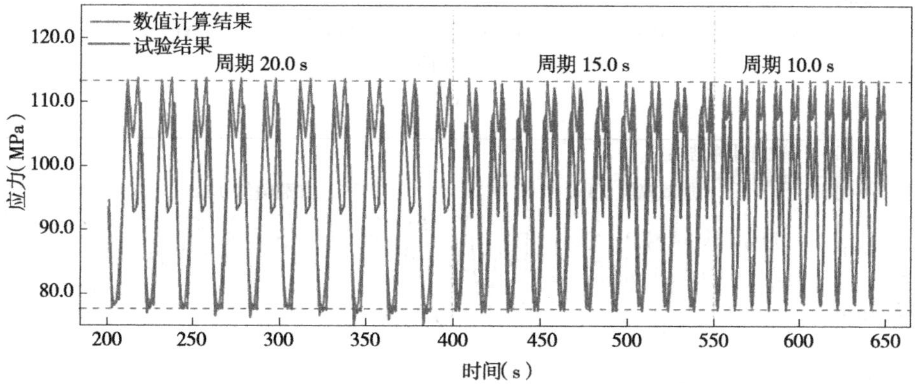

(b)

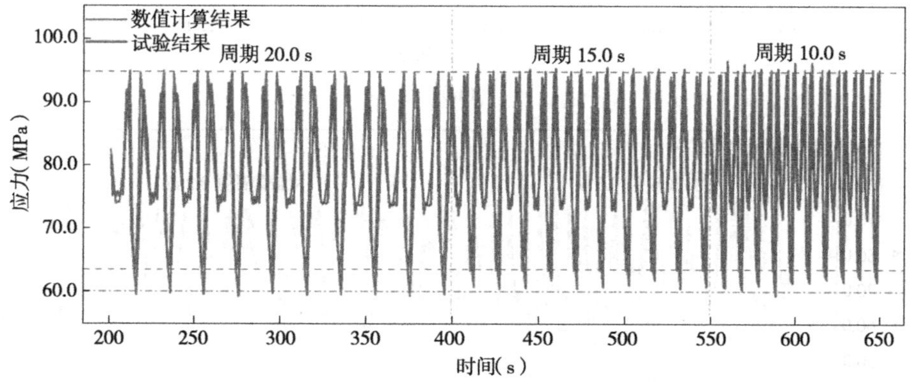

(c)

图 3-14　加载周期变化过程中立管平面内应力时程

(a)S2 截面　(b)S5 截面　(c)S8 截面

3.3.2.3　加载顺序影响

在完成第三竖向加载工况后,循环加载位移幅值由 300.0 mm 降低至 200.0 mm。通过第二与第四加载工况结果对比,分析立管前期发生较大振动对后期内力响应的影响。由第三加载工况过渡至第四加载工况的过程中，前述三个立管截面的应力时程曲线绘制于图3-15中。与图3-14相比，第四阶段S2、S5与S8截面应力幅值分别降低16.1%、3.8%与7.7%。其原因主要为第三阶段加载幅值提高，使得海床土体退化明显、沟槽深度增加，海床支撑力分布改变。但试验过程中形成的沟槽深度浅于现场原位沟槽，因此有必要结合数值分析模型，就沟槽对立管整体受力的影响开展深入研究。

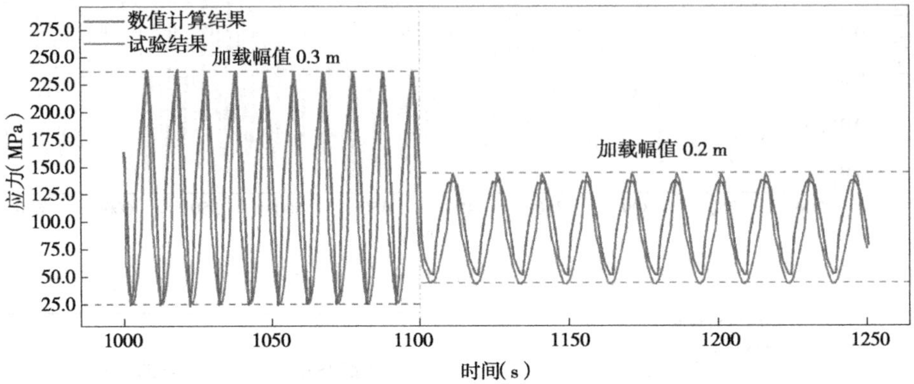

(a)

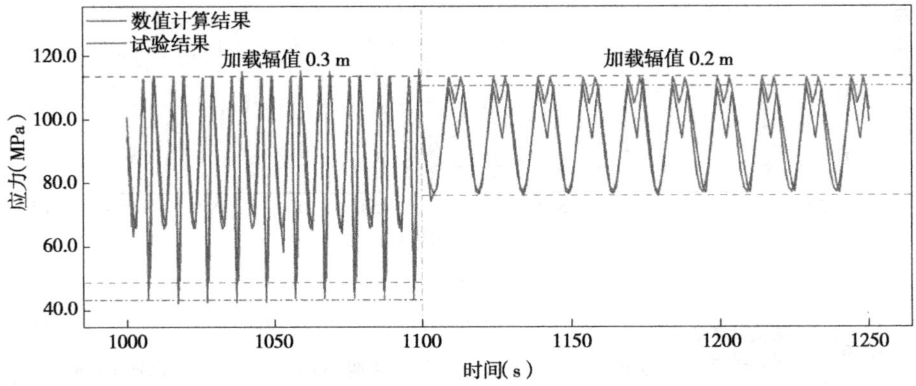

(b)

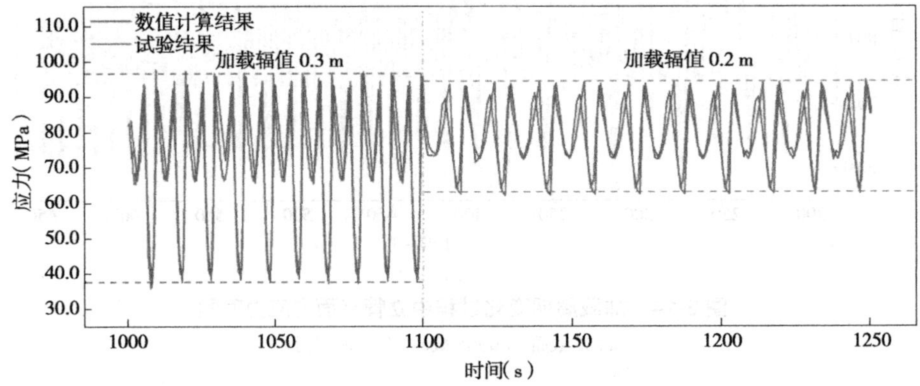

(c)

图3-15 加载幅值由300.0 mm降低至200.0 mm过程中立管平面内应力时程

(a)S2截面 (b)S5截面 (c)S8截面

由图 3-12 至图 3-15 可以看出,数值计算与试验结果曲线高度相似,再次验证了集成竖向 R-Q 土体模型的 VFIFE 程序计算钢悬链立管动力响应的准确、可靠性。此外,在同一加载工况内,立管幅值变化不显著,表明短期循环接触过程中土体性质退化不明显。

3.3.2.4　应力幅值分析

由于加载周期对立管应力变化影响不显著,因此在应力幅值对比研究中,仅考虑加载幅值不同的影响。试验立管在第一至第三加载工况中的应力幅值分布如图 3-16 所示。由图可见,提高循环位移幅值可使得立管各点应力幅值均有增大,但在靠近加载端处应力增幅更为显著。

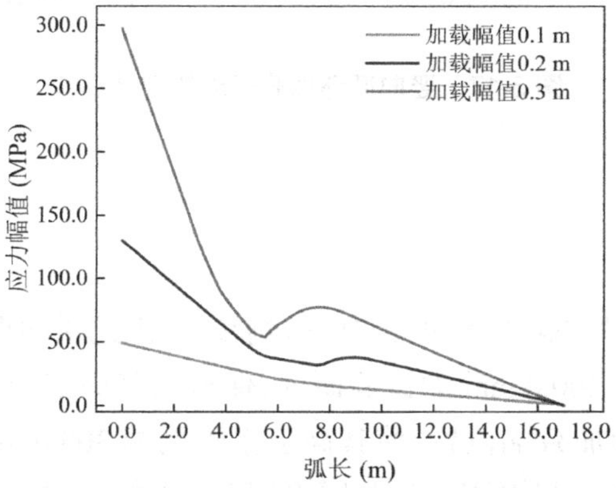

图 3-16　不同加载幅值下立管平面内应力幅值对比

当加载幅值为 100.0 mm 时,在接近尾端点的过程中立管应力幅值持续下降,但在距立管顶端 6.0 m 位置处存在一个转折点,在该点后应力幅值降低速度有所放缓。随位移加载幅值增大,立管应力幅值由顶端开始仍逐渐降低,但在立管中部有所增大,在接近尾端时再次降低。其原因是试验立管中部应力谷值发生于立管贯入海床过程中,相比立管提升至顶端位置处的应力更低。当顶端位移加载幅值由 200.0 mm 增大至 300.0 mm 后,立管中部应力幅值提高更为明显,且峰值点向加载端移动。

3.3.2.5　海床沟槽分析

在完成各竖向加载工况后,海床土体在立管循环运动作用下发生变形,形成的沟槽形状可认为等同于立管位于最低位置处海床以下的构型。形成的勺形沟槽位于试验立管中部,最深点低于初始浅沟槽 $0.09D_{out}$,如图 3-17 所示。在 Elliott 等开展的立管触地段离心机试验中,海床在立管竖向循环运动过程中虽也形成勺形沟槽,但由于未对立管施加弯矩荷载,沟嘴朝向立管尾端点,与工程中观测结果以及本次试验沟槽形状相反。因此,对立管截断点进行弯矩或转角加载,更接近原型立管在触地段区域的内力分布,同时增大靠近加载端的立管变形,得到正确的沟槽形状。

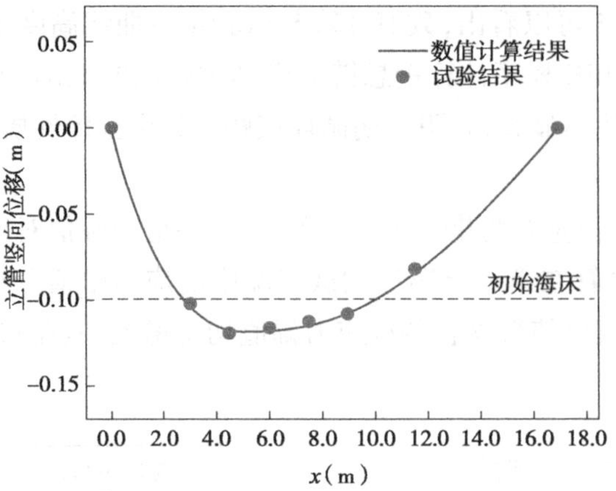

图 3-17 竖向循环加载形成的沟槽形状

3.3.3 横向循环加载

3.3.3.1 加载幅值影响

由于加载周期不同对试验立管动力响应影响较小,因此横向循环加载阶段仅开展横向位移幅值为 100.0 mm 与 200.0 mm 的试验研究,保持加载周期为 15.0 s。竖向加载阶段完成后,首先调整试验立管加载端位置,使其高于立管尾端 300.0 mm,然后开始循环横向加载。在端部横向位移与海床横向阻力的共同作用下,立管内存在平面外弯矩波动。S2、S5 与 S8 截面处立管平面外应力(立管截面水平两应变片采集应力之差的一半)时程如图 3-18 所示。在立管横向运动过程中,其侧方隆起的土体随之水平移动并逐渐累积,在立管接近横向位移峰值点时,出现局部土体沿立管顶端翻滚、回落至沟槽的现象;而在立管反向运动初期,由于沟槽侧壁较陡,管侧堆积的土体随立管共同向沟槽内滑落。

由图 3-18 可见,立管平面外应力时程曲线接近三角函数曲线,但对于 S8 截面,当立管运动至初始中心位置附近时,应力出现小幅振动。在两个加载工况的第一循环,立管开始接触海床侧壁,推动的土体体积较大,并因此受到更大的横向阻力作用,使得立管平面外应力峰值明显提高。而后续循环过程中,管段推动的土堆高度相对稳定,立管平面外应力循环幅值保持不变。在横向位移加载幅值提高后,立管应力幅值随之增大。应注意 S2 与 S5 截面立管应力正负号相同,而 S8 截面应力与之存在相位差,表明试验立管受海床土体横向阻力作用,横向弯矩方向沿管长发生改变。

3.3.3.2 应力幅值分析

在不同横向位移加载幅值下,试验立管平面外应力分布如图 3-19 所示。应力幅值由加载端开始逐渐减小,在立管中部达到最低。由于海床横向阻力作用,应力幅值开始继续增大,达到第二峰值点,其后再次降低,并在尾端点处达到 0。随横向加载幅值提高,第二峰值增长显著。

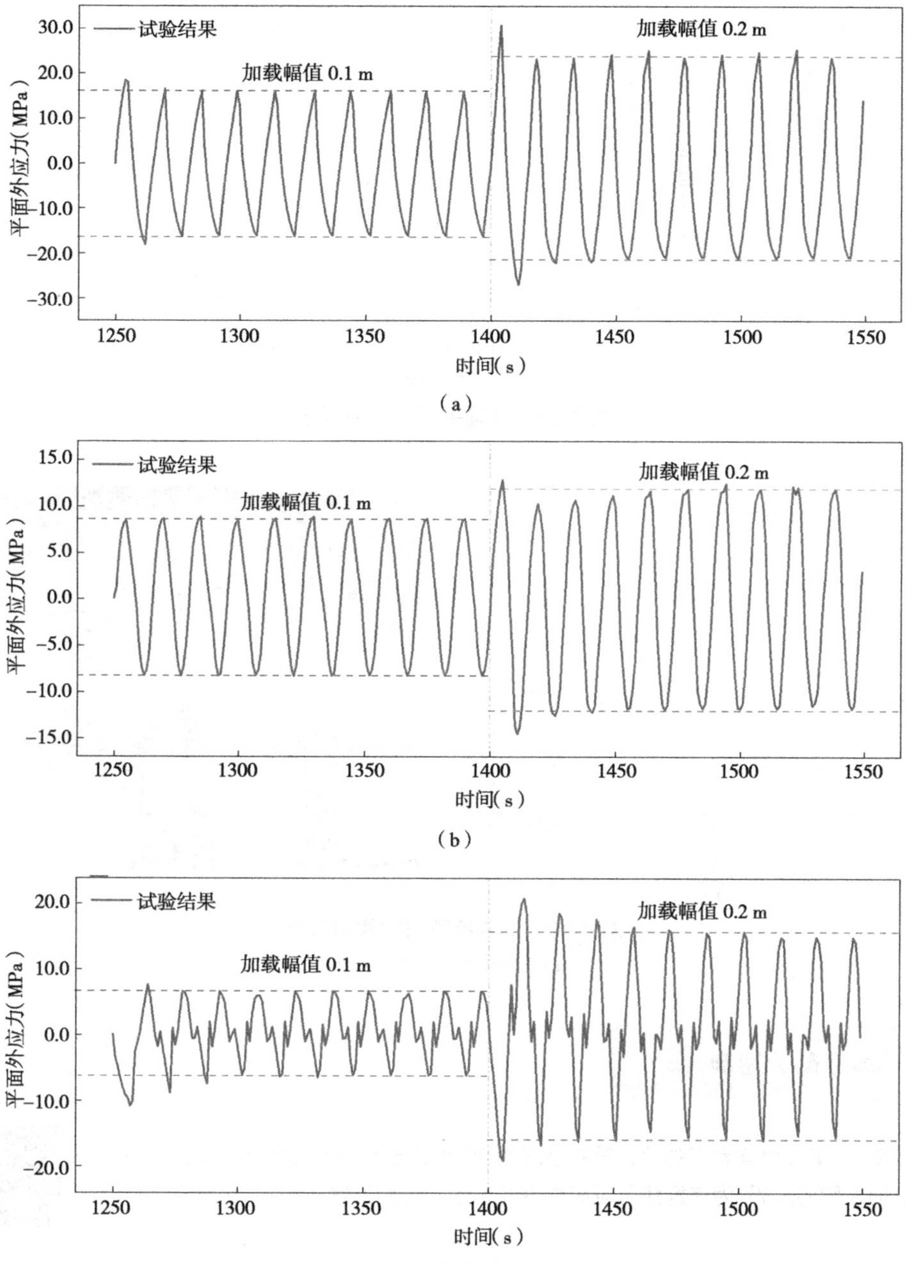

图 3-18　横向加载过程中立管平面外应力时程

(a)S2 截面　(b)S5 截面　(c)S8 截面

3.3.3.3　沟槽平面形状分析

对测得的试验立管横向位移数据进行修正,确定立管各截面与海床的接触边界,得到沟槽的平面形状,如图 3-20(a)所示。与深海立管现场实测结果相似,沟槽平面同样为钟嘴形,最大宽度为 0.48D_{out}。在试验结束后,将试验槽中的水泵出,在初始海床变形的基础上,由于立管竖向、横向循环运动形成的沟槽如图 3-20(b)所示。

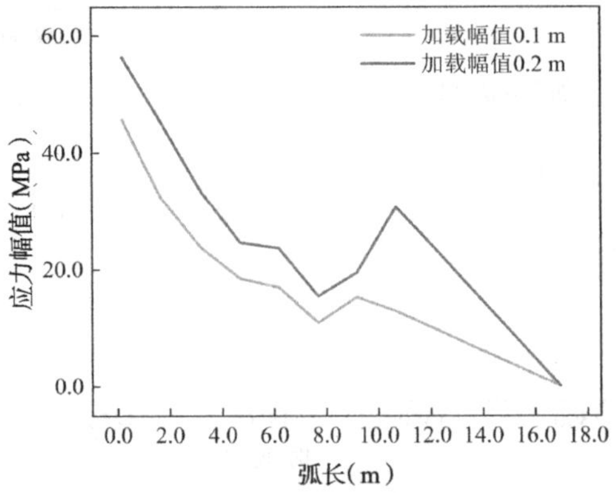

图 3-19 立管平面外应力幅值

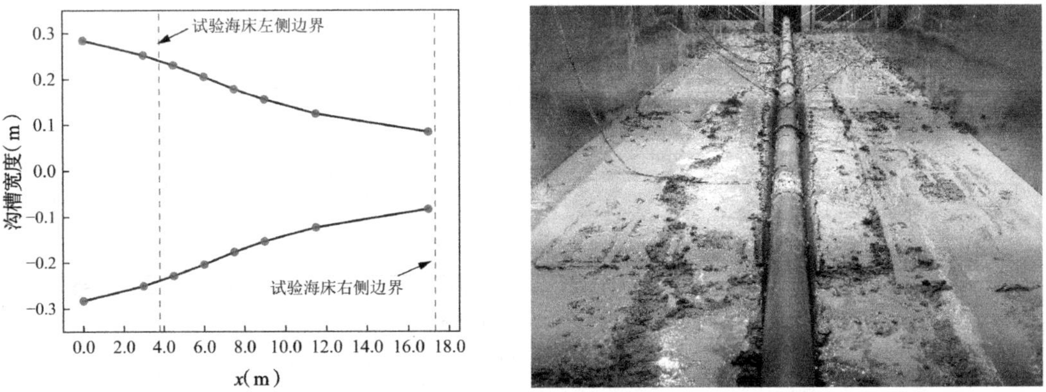

(a) (b)

图 3-20 试验结束后的沟槽形状

(a)平面形状 (b)整体形状

本章部分图例

说明:为了方便读者直观地查看彩色图例,此处节选了书中的部分内容进行展示。页面左侧的页码,为您标注了对应内容在书中出现的位置。

第 4 章　横向-竖向耦合管-土相互作用模型及三维沟槽模拟

尽管钢悬链立管平面内振动是引起疲劳损伤、海床变形的主要因素,但根据试验结果可以看出,立管平面外运动也推动管侧土体发生偏移,使沟槽不断加宽、加深,进而改变海床对立管的支撑力分布,导致立管内力分布与疲劳损伤预测难度提高。然而,现有用以模拟横向管-土相互作用的摩擦模型、塑性模型均无法还原立管平面外运动引起的海床土体变形、沟槽不断加深现象。

本章提出一种非线性横向-竖向耦合管-土相互作用模型,结合第 2 章、第 3 章提出的 VFIFE 计算程序,可模拟钢悬链立管横向循环运动过程中,隆起的土体被逐渐推离原位并不断堆积的过程,还原三维沟槽演化机理,准确评估变形后海床对立管的横向作用力。该模型也可同时计算立管横向运动过程中海床竖向支撑力的变化,解决海床双向作用力独立计算而造成的结果不准确问题。在此基础上,选取不同立管顶端加载参数和非线性土体参数开展动力计算,明确其对沟槽形状和海床横向支撑力分布的影响。

4.1　横向-竖向耦合管-土相互作用模型

本章提出的横向-竖向耦合管-土相互作用模型(简称耦合模型)是以 White 和 Cheuk 研究成果为基础,加以改进得出。White 和 Cheuk 提出的摩擦模型准确性已得到 Al-Janabi 等试验验证,但在应用时需保证管道或立管横向运动过程中,对海床的竖向作用力恒定。根据 SCR 静力分析可知,触地段区域立管对土体的竖向荷载大于其浸没自重,而立管循环运动过程中所受海床竖向作用力也会时刻变化。此外,立管循环运动过程中,海床沟槽逐渐加深也会导致管-土竖向作用力分布发生改变。因此,立管与海床间的竖向作用力非恒定且难以预测。因此,需对 White 和 Cheuk 模型进行修正,根据立管-海床实时接触状态计算海床对立管的竖向支撑力作用,保证模型可用于 SCR 静力与动力分析。与库伦摩擦模型与三折线模型相比,横向-竖向耦合管-土相互作用模型主要创新在于可计算立管横向扫掠过程中隆起的土堆(Soil Berm)体积及其对立管的横向作用力、根据海床实时变形计算海床对立管的竖向支撑力、实时记录并更新海床沟槽的三维形状。

为准确还原循环横向管-土相互作用特点并计算海床横向作用力,将耦合模型分为三个阶段,即初始阶段、卸载阶段与反向运动阶段。立管管段首先在竖向荷载作用下贯入海床,当开始发生横向运动时,横向管-土接触属于初始阶段;当立管开始反向运动时,海床横向作用力首先降低至 0,定义该过程为卸载阶段;随立管反向移动距离增大,海床横向作用力随之增加,进入反向运动阶段。海床横向作用力-立管管段位移曲线如图 4-1 所示。在该图中，H_{bre} 和 H_{res} 分别为海床提供的横向突破(Breakout)与残余(Residual)阻力；H_{berm} 为立管横向运动中被推动的土堆提供的附加横向阻力；u_{bre} 和 u_{res} 分别为达到 H_{bre} 与 H_{res} 时的立管位移；k_h 为海床横向卸载刚度。本模型假定海床一旦变形无法恢复，因此可显式模拟沟槽成型过程。

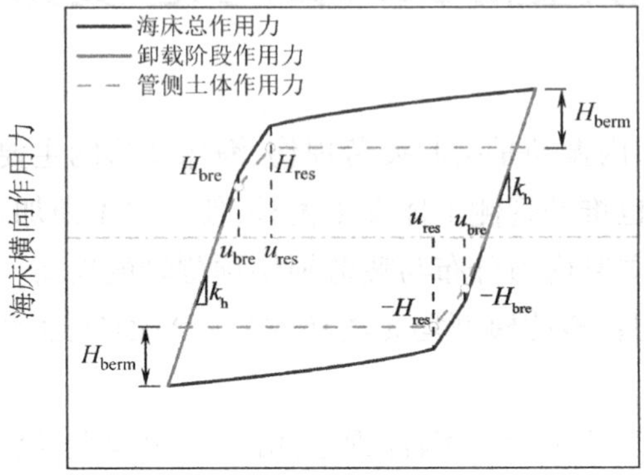

图 4-1 海床横向作用力模型

4.1.1 海床横向阻力计算

在立管管段进行单向水平运动过程中，管-土接触归属于初始或反向运动阶段。由图 4-1 可知，以上两阶段的土体阻力-管段位移曲线也可分为三部分。在第一部分，立管管段开始发生横向移动。立管在竖向荷载作用下首先贯入土体，使得管段两侧土体变形隆起，当管段向一侧运动时，除立管底部与海床摩擦力外，被推动的土堆也可对其运动提供阻力，而与运动方向相反一侧的土堆与管段背侧存在吸力，同样阻碍管段移动。以上阻力随管段位移线性增大至峰值，其合力称为突破阻力(H_{bre})。对于初始阶段，H_{bre} 与管段初始贯入深度及其所受竖向荷载有关，即

$$H_{bre} = 0.2V + 3w_{init}/\sqrt{s_u D_{out} / \gamma'} \tag{4-1}$$

式中：V 为竖向管-土相互作用力；w_{init} 为管段初始贯入深度；s_u 为管底位置海床黏土不排水抗剪强度；D_{out} 为立管外径；γ' 为土体浸水容重，$\gamma' = (\rho_s - \rho_w)g$，$\rho_s$、$\rho_w$ 分别为土体密度和海水密度。

当管段发生过反向运动后，其初始贯入深度对反向运动阶段突破阻力的影响可忽略不计。其原因可根据海床变形过程说明，如图 4-2 所示。根据模型假定，海床发生的变形无法恢复，因此当管段反向运动后，其贯入海床深度为 0，无隆起的土堆提供阻力，而管段背侧形成的土堆已受到严重扰动，同样难以提供吸力。此时管段横向运动仅受海床摩擦阻力作用，突破阻力仅与管段竖向荷载有关，即

$$H_{bre} = 0.2V \tag{4-2}$$

在第二部分，管段背侧土体吸力随管段位移继续增大而逐渐消散。对于管-土相互作用的初始阶段，若立管初始贯入深度过大，在管段横向移动距离超过 u_{bre} 后，海床提供的竖向

支撑力大于管段所受竖向荷载，使得管段向上运动，导致管段前侧土体阻力有所减小，加之土体吸力消散，引起总横向阻力的降低。与之相反，如果管段初始贯入深度较浅，在其开始横向运动过程中，海床需对管段提供双向作用力，与同等贯入深度、未横向运动的管段相比，海床对其竖向支撑力减小。因此，管段存在向下运动分量，引起前侧土体阻力增大，且增速可能大于吸力消散速度，使得总横向阻力继续增大，但增速放缓。

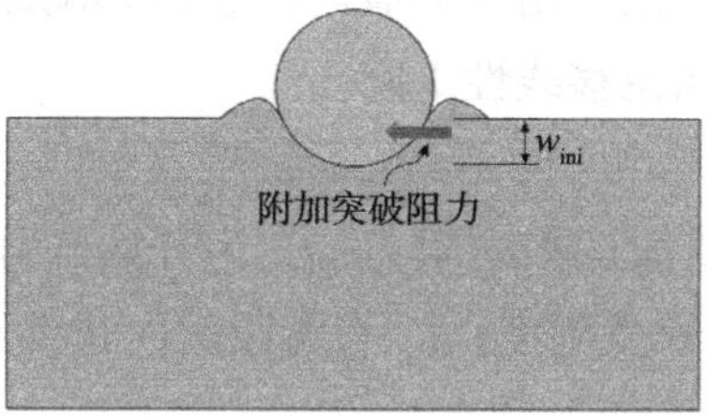

(a)

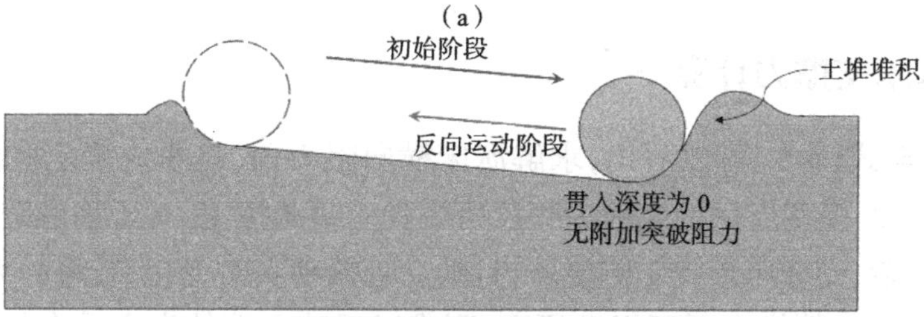

(b)

图 4-2　海床变形过程

(a)初始状态　(b)立管反向运动

管段横向移动距离达到 u_{res} 后，若不考虑土堆提供的附加阻力，且管段竖向荷载恒定，海床对管段的横向作用力保持不变，称之为横向残余阻力(H_{res})。此后，海床横向阻力与管段位移的关系被划分为第三部分，横向残余阻力仅与竖向管-土相互作用力有关，即

$$H_{res}=\left\{1-0.65\left[1-\exp\left(-\frac{s_u}{2\gamma' D_{out}}\right)\right]\right\}V \tag{4-3}$$

在初始与反向运动阶段，管段前侧被推动的土堆与原状海床之间剪切错动，引起对管段的附加横向阻力。假定被推动的黏土不会翻过管顶而落回沟槽，在管段横向运动过程中，逐渐增加的土堆面积可计算为隆起的土体(简称土体隆起)高度沿管段运动轨迹上的积分，即

$$A_{berm}=\int t_{plough}\mathrm{d}u \tag{4-4}$$

式中：A_{berm} 为单个剖面管段运动过程中累积的土堆面积；t_{plough} 为实时变化的隆起土体高度；u 为管段水平位移。

由此产生的附加横向阻力与土堆面积相关，可通过幂函数计算，即

$$H_{berm}=\lambda\left(\frac{A_{berm}}{D_{out}^2}\right)^{\delta}D_{out}s_u \tag{4-5}$$

式中：l、γ 均为土堆形状参数。

一旦管段开始转变运动方向，前一阶段形成的土堆被留置于管段后侧。如果管段沿一侧位移大于前一次运动转向位置(即前一次土堆留置位置)，则本次被推动的主动土堆(Active Soil Berm)与前期形成的静态土堆(Dormant Soil Berm)相融合,为立管提供更大的附加横向阻力。融合后的土堆面积

$$A_{\text{total}} = A_{\text{berm}} + A_{\text{dormant}} \tag{4-6}$$

式中:A_{berm} 为主动土堆面积;A_{dormant} 为静态土堆面积。

在卸载阶段,立管管段开始反向运动,横向阻力迅速降低至零。在此之后如管段位移继续增大,则开始进入反向加载阶段。由于卸载阶段管段移动距离较短,可假定横向卸载刚度恒定,土体横向阻力随管段反向位移线性下降。

$$H_{\text{un}} = H_0 - k_{\text{h}} u_{\text{un}} / D_{\text{out}} \tag{4-7}$$

式中:H_{un} 为卸载阶段海床对管段的横向阻力;H_0 为开始卸载时的海床总横向阻力,包含土堆提供的附加阻力;k_{h} 为横向卸载刚度;u_{un} 为管段反向运动距离,当进入反向加载阶段时,$u_{\text{un}} = 0$。

4.1.2 竖向海床支撑力计算

由式(4-1)至式(4-3)可以看出,求解海床横向阻力前,首先应确定竖向海床支撑力。但 White and Cheuk 模型应用的条件为管段所受竖向荷载恒定,对于钢悬链立管触地段,海床支撑力分布复杂、受海床形状影响显著,且随立管振动实时变化,若将静力分析得到的海床竖向支撑力代入立管横向循环运动研究,则难以反映立管的真实受力与海床变形情况。因此,在动力计算中,根据沟槽形状、立管-海床竖向相对位置确定海床竖向作用力,可保证结果更为准确。在管段横向运动过程中,如管底与海床始终未分离,可认为当前被管段推动而产生的隆起土体高度 t_{plough} 与归一化竖向荷载 V 服从幂函数关系,即

$$t_{\text{plough}} = \alpha \left(\frac{V}{D s_{\text{u}}} \right)^{\beta} D_{\text{out}} \tag{4-8}$$

式中:α、β 分别为拟合得出的参数。若管段与海床分离,则隆起土体高度为 0,且无法继续推动土堆。

可将式(4-8)变形,用当前的隆起土体高度计算管段所受竖向荷载,即

$$V = \left(\frac{t_{\text{plough}}}{\alpha D_{\text{out}}} \right)^{\frac{1}{\beta}} D_{\text{out}} s_{\text{u}} \tag{4-9}$$

需注意,管段横向运动过程中产生的土堆高度显著高于实时管侧土体隆起高度 t_{plough},但在计算过程中,应忽略土堆高度,仅记录其面积及其对管段的附加横向阻力。在立管静力计算过程中,立管-海床相互作用仍采用 R-Q 模型进行模拟。但当管段由初始位置开始横向运动时,由于计算公式不同,管-土竖向作用力会存在突变。而在开始反向运动时,管段前端隆起土体的高度为 0,其后逐渐增大,直至根据隆起土体高度计算所得海床竖向支撑力与立管竖向荷载相平衡。但在运动方向转变过程中,海床持续对管段提供竖向支撑力,且高于式(4-9)的计算结果。为解决以上两点问题,可认为在初始、卸载、反向运动阶段,海床竖向支撑力由初始值随管段横向位移线性过渡至式(4-9)的计算结果,即

$$V=V_0\left[1-\left|\frac{u_{\mathrm{un}}}{D_{\mathrm{out}}}\Big/\left(\frac{H_0}{k_{\mathrm{h}}}\right)\right|^{\frac{1}{\beta}}\right]+\left[\frac{t_{\mathrm{plough}}-w_{\mathrm{init}}\left(1-\dfrac{u_{\mathrm{un}}}{u_{\mathrm{bre}}}\right)}{\alpha D_{\mathrm{out}}}\right]^{\frac{1}{\beta}}D_{\mathrm{out}}s_{\mathrm{u}} \tag{4-10}$$

式中：V_0 为初始运动或卸载阶段起始点海床对管段的竖向支撑力；当公式用于计算管段由初始位置开始横向运动过程中的竖向支撑力，u_{un} 为管段横向位移，而 $H_0/k_{\mathrm{h}}=u_{\mathrm{bre}}$，而当管段反向运动时，$u_{\mathrm{un}}$ 为管段由反向运动起始位置为起点的横向移动距离，$w_{\mathrm{init}}=0$。一旦 u_{un} 在初始阶段大于 u_{bre} 或在反向运动阶段大于 H_0/k_{h}，海床竖向支撑力改用式(4-9)计算。

在管段竖向位置抬升，底部逐渐与海床分开的过程中，海床竖向作用力首先变为负值，模拟黏土海床对立管的吸力。其后，吸力随管段抬升位移增加而逐渐消散，直至减小为零。此后，若管段与海床不接触，则进入分离阶段，海床对管段的竖向、横向作用力均等于 0。反之，当管段向下运动再次与海床接触后，则进入重新贯入阶段，海床提供的横向作用力可由式(4-2)和式(4-3)计算。如果重新贯入点位于抬升分离点前侧，则管段本次横向运动积累的土堆被置于后方，土堆体积及其对管段的附加阻力由零开始重新计算；反之，则在管段运动至分离位置点时，将新推动的土堆与管段抬升前静止土堆融合，共同对管段提供附加阻力。上述定义的管段抬升、与海床分离及再次贯入过程与 R-Q 模型相似，但将海床竖向作用力简化为与管段竖向位移呈线性关系，如图 4-3 所示。Wang 等已提出相近的简化方案，用于立管竖向循环加载分析，并验证简化竖向管-土相互作用模型的可行性与准确性。由于目前国内外尚未开展相关研究以确定局部管段在横向运动过程中，发生竖向抬升、重新贯入时的海床作用力，因此该简化模型有待基于试验数据进行更新、修正，提高计算结果的准确性。

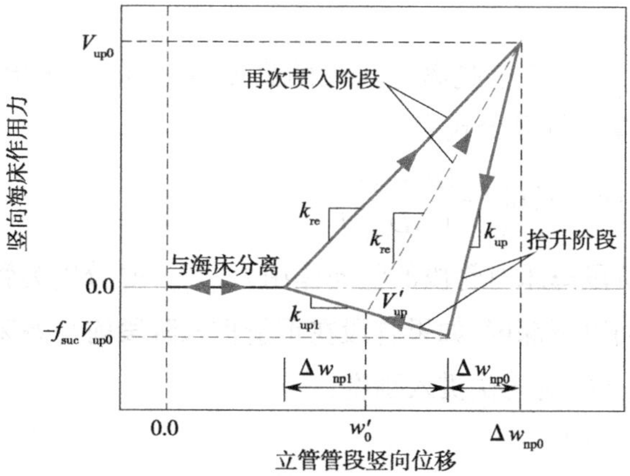

图 4-3　竖向立管-海床相互作用

当管段开始抬升时，海床竖向支撑力迅速降低，其后反向增大至吸力峰值。在此过程中，海床对管段的竖向作用力与管段竖向贯入深度的关系为

$$V_{up} = [V_{up0} - k_{up}(w_{up0} - w)]\left(1 - \frac{|u - u_0|}{0.1D_{out}}\right) \tag{4-11}$$

式中：V_{up} 为抬升过程中海床提供的竖向作用力；w 为管段底部当前低于初始平直海床泥面（简称初始泥面）的深度；V_{up0}、w_{up0} 分别为抬升起始点的海床竖向支撑力、管底低于初始泥面的深度；u、u_0 分别为管段当前及开始抬升时的水平位移；k_{up} 为竖向卸载刚度，

$$k_{up} = (1 + f_{suc})V_{up0}/\Delta w_{up0} \tag{4-12}$$

其中，f_{suc} 为吸力系数。以 $0.1D_{out}$ 作为管段开始抬升至吸力完全消散的最大距离，当 w_{up0} 大于 $0.1D_{out}$ 时，在管段竖向位移（$w_{up0}-w$）超过 $0.1D_{out}$ 后，认为管段完全与海床分离，吸力降低至 0；而当 w_{up0} 小于 $0.1D_{out}$ 时，管段底部到达初始泥面之上则表示二者完全分离。在支撑力退化、吸力持续增大的阶段，定义管段最大抬升高度 $Dw_{up0}=(w_{up0}-w)_{max}$ 为 $0.03D_{out}$ 与 $0.3w_{up0}$ 二者间的较小值。此后，管段继续抬升，土体对其吸力逐渐降低，采用式（4-13）计算。管段在抬升的同时若发生水平运动，抬升点处海床与管底的绝对距离大于二者竖向间距，导致吸力消散速度提高。因此，海床作用力通过抬升过程中的管段横向位移进行折减，如式（4-11）等号右侧的第二项所示。在此过程中，海床持续提供作用力的最大容许管段水平位移为 $|u-u_0|_{max}=0.1D_{out}$，大于该水平距离同样认为管段与海床分离，海床不再对其产生作用力。

土体吸力达到峰值后，管段继续抬升，土体对其的吸力可表示为

$$V_{up} = \{-f_{suc}V_{up0} + k_{up1}[w_{up0} - w - \min(0.03D_{out},\ 0.3w_{up0})]\}\left(1 - \frac{|u - u_0|}{0.1D_{out}}\right) \tag{4-13}$$

式中：k_{up1} 为达到吸力峰值后的土体吸力刚度，

$$k_{up1} = f_{suc}V_{up0}/\Delta w_{up1} \tag{4-14}$$

与式（4-12）相似，$\Delta w_{up1} = [w_{up0} - w - \min(0.03D_{out},\ 0.3w_{up0})]_{max}$ 的最大值为 $0.07D_{out}$ 与 $0.7w_{up0}$ 二者间的较小值。

当管段向下运动，再次低于脱离海床时的高度，且与前一次抬升点水平向距离小于 $0.1D_{out}$ 时，海床竖向支撑力计算公式为

$$V_{re} = [V'_{up} + k_{re}(w - w'_0)]\left(1 - \frac{|u - u_0|}{0.1D_{out}}\right) \tag{4-15}$$

式中：V_{re} 为再次贯入阶段海床对管段的竖向作用力；V'_{up}、w'_0 分别为管段开始向下运动时的竖向土体作用力及泥面以下深度，如果管段在重新贯入阶段前与海床完全分离，则 $V'_{up}=0$，$w'_0 = w_{up0} - \Delta w_{up0} - \Delta w_{up1}$；$k_{re}$ 为再次贯入刚度，

$$k_{re} = V_{up0}/(w_{up0} - w'_0) \tag{4-16}$$

需注意，由于竖向管-土相互作用各阶段采用线性公式计算，若管段在抬升至最大吸力前再次向下运动，则海床对管段的竖向作用力仍按照式（4-11）计算，在此过程中无滞回效应，忽略能量耗散。

当管段竖向位置继续降低，开始与变形后的海床接触时，管段横向前侧土体发生隆起，海床提供的竖向支撑力可根据隆起土体的高度按照式（4-9）计算，但其值可能与式（4-15）

计算结果存在差别，导致管段所受竖向力突变。为避免该问题，考虑在管段横向运动 $0.1D_{out}$ 的范围内，让竖向力逐渐过渡，表示如下：

$$V_t = V_{co}\left(1-\frac{|u-u_{co}|}{0.1D_{out}}\right)+\left(\frac{t_{plough}}{\alpha D_{out}}\right)^{\frac{1}{\beta}} D_{out}s_u \tag{4-17}$$

式中：V_t 为过渡阶段海床对管段的竖向支撑力；u_{co}、V_{co} 分别为管段开始与变形后海床接触时，管段横向位移及由式(4-15)计算所得的竖向作用力。在位移差 $|u-u_{co}|$ 超过 $0.1D_{out}$ 时，海床竖向力改由式(4-9)计算。

尽管本书提出的横向-竖向耦合管-土相互作用模型可计算立管发生循环横向运动时的黏土体积、附加横向阻力及竖向作用力，较传统摩擦模型有显著提升，但在立管分析中仍存在一定局限。耦合模型的假定之一为，管段横向运动推动的土堆不会翻过管顶或回落入沟槽中。在立管竖向循环运动过程中，管段贯入海床深度较静态深度显著增加，而在发生双向运动时，管段上方土体则可能会越过管顶。在第 3 章横向循环加载试验过程中，由于试验立管横向推动的土堆较高，部分黏土也在立管反向运动过程中与立管一起沿沟槽侧壁回落入底部。如部分土堆持续翻越管顶，则管段除自重外，还受到上方土体的压力，使得海床竖向作用力大于计算结果；而管段背侧土体随之滑落，也会影响立管所受海床横向作用力。此外，在土体落回沟槽底部后，按本模型预测的管侧土体变形与实际情况存在差别，导致立管后续运动过程中的横向附加阻力、海床竖向支撑力的计算准确性降低。以上因素均可导致计算结果存在偏差。

为避免上述问题，本章中仅对立管顶端施加平面外的横向循环位移荷载，避免立管局部管段贯入海床深度过大。在计算立管静态构型时，竖向管-土相互作用仍采用非线性 R-Q 模型。循环加载过程中，一旦触地段区域立管发生横向运动，则改用本章提出的耦合模型。流线段立管在加载过程中不发生平面外横向位移，海床仅需支撑立管自重，竖向作用力仍根据 R-Q 模型计算。

4.1.3　横向-竖向耦合管-土相互作用模型求解流程

利用耦合模型求解竖向与横向海床作用力的流程如图 4-4 所示。立管管段的位移与速度通过 VFIFE 程序计算得出，并在各分析步中将其代入耦合土体模型。求解海床作用力的基础在于根据立管管段本次及前期的运动方向，确定管-土接触所属阶段，再根据前述公式求解，并不断记录、更新状态变量。

4.2　三维沟槽成型研究

4.2.1　模型参数选定

本节沿用第 2 章立管模型参数及边界条件，定义浮式平台横荡为平面外水平向运动，分析循环加载下触地段立管与海床反复接触，使沟槽加宽、加深的过程。研究中对平台进行简化，以立管悬吊点运动代替浮体运动。为保证计算结果准确，整根立管的梁单元长度均选定为 1.0 m。

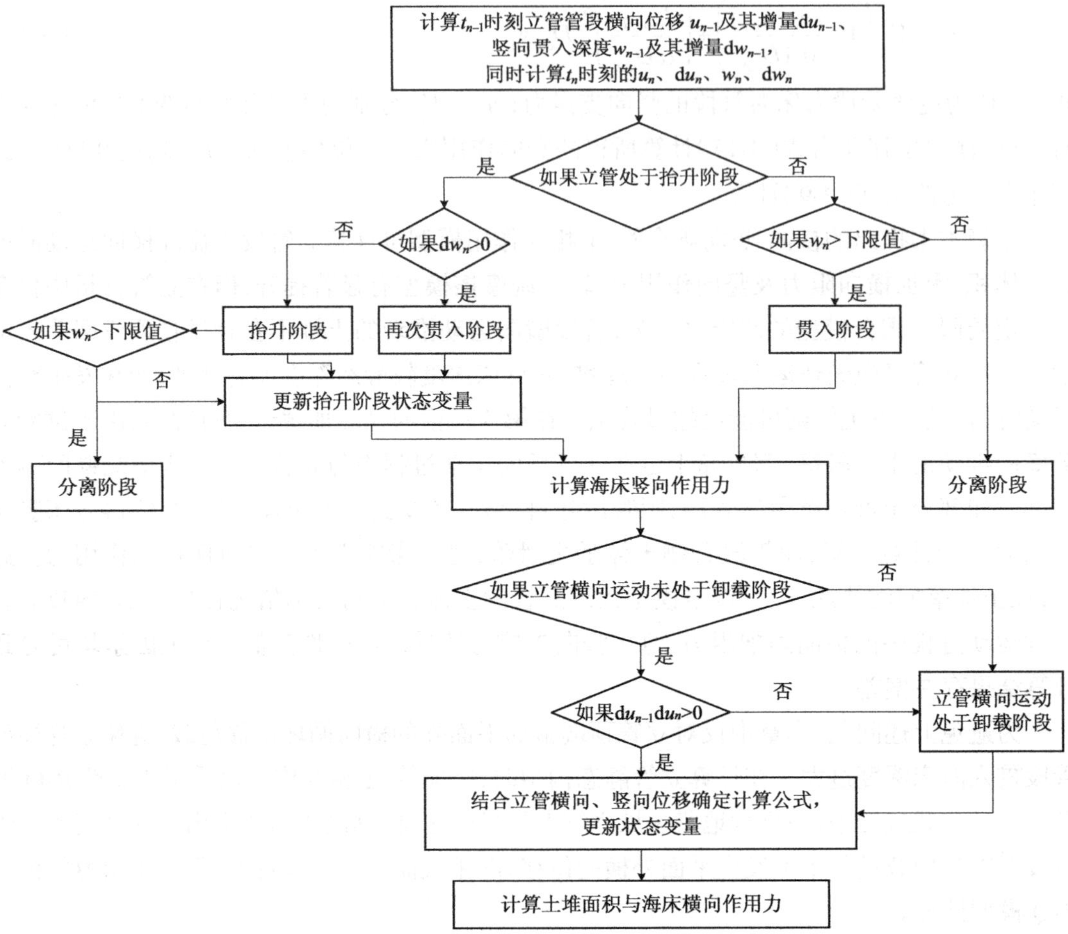

图 4-4 耦合模型求解竖向与横向海床作用力流程

立管管段底部与海床相接触，土体发生变形，可对管段提供竖向作用力；在管段存在横向位移时，海床同时对其水平向运动提供横向作用力。对于 VFIFE 模型，可通过将质点与非线性弹簧连接，将作用于立管梁单元上的竖向、横向海床作用力转化为质点上的集中作用力。为记录立管循环运动过程中沟槽的形成及演化规律，对触地段立管各质点分别附加一个二维矩阵。以质点静态初始位置为零点，沿 y 轴（立管平面外方向）正、负向等间隔选取多个点位作为观测点，在矩阵的第 1 列记录各观测点的 y 坐标值。在各观测点处，将质点贯入海床后达到的最大深度（质点 z 坐标值）作为矩阵的第 2 列。在本研究中，观测点沿 y 轴的间距为 0.002 m，初始平海床观测点 z 坐标值为 0。在立管横向循环运动过程中，如管段贯入海床深度增加，则在矩阵中更新对应观测点的 z 坐标值，以此确定沟槽逐渐加深的过程。管段贯入变形后海床的深度为立管质点与相邻两观测点坐标连线的距离，如图 4-5 所示。当质点高于连线时，表明管段与海床相分离。立管在不发生平面外水平运动时，海床仅对管段提供竖向支撑力，可用 R-Q 模型计算，土体模型参数同第 2 章取值；在管段发生横向运动后，选用本章提出的耦合横向管-土相互作用模型应用于对应质点，模型各参数取值列于表 4-1。

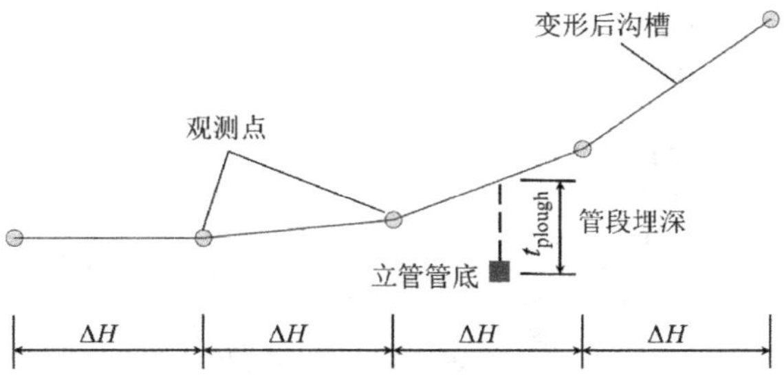

图 4-5　立管贯入沟槽深度

表 4-1　非线性海床参数

非线性土体参数	数值	单位
海床表面不排水抗剪强度 s_{um}	0.6	kPa
抗剪强度梯度 k	1.5	kPa/m
吸力系数 f_{suc}	0.2	—
达到横向突破阻力时立管位移 u_{bre}	$0.1D_{out}$	—
达到横向残余阻力时立管位移 u_{res}	$0.25D_{out}$	—
土堆参数 d	0.5	—
土堆参数 l	1.0	—
横向卸载刚度 k_h	5 500	N

4.2.2　三维沟槽形状

将 SCR 模型左端点提升至指定位置，并对立管施加自重、浮力、土体竖向支撑力后，可得立管静态构型。由于横向-竖向耦合管-土相互作用模型的局限性，在本章立管动力计算中暂不考虑浮式平台垂荡运动。此外，垂荡与横荡组合导致加载工况更为复杂，立管各位置处竖向循环次数不一致可引起沟槽形状不规则，分析横向管-土接触对沟槽形成的影响难度较高。因此，在动力计算中，仅对立管顶端悬吊点沿平面外的 y 轴方向施加循环位移荷载，以模拟浮体横荡运动，SCR 在到达两侧横向最远端时所得构型如图 4-6 所示。经反复尝试，确定简谐横荡运动幅值为 20.0 m、周期为 200.0 s，可形成最大宽度约为 $4D_{out}$ 的沟槽。

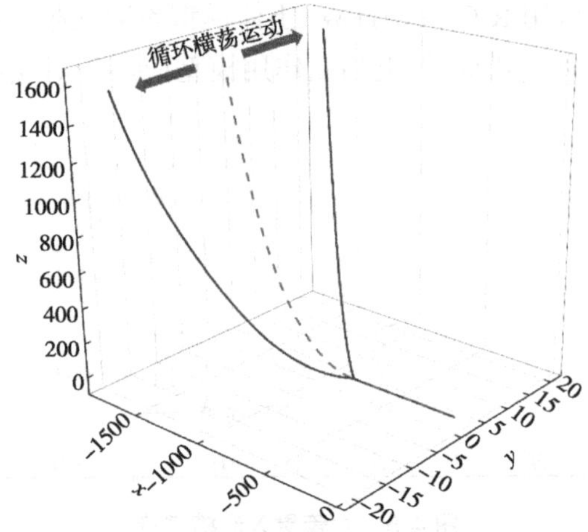

图 4-6 施加横荡运动后的立管构型

在 15 次循环加载后，形成的三维沟槽形状如图 4-7 所示，沟槽剖面图与俯视图绘制于图 4-8 中用于比较分析。平台循环横荡运动与上一章中垂荡运动形成的沟槽剖面形状相似，均为勺形。立管横向运动过程中，沟槽前端立管竖向位置逐渐降低，开始与海床接触，沟槽逐步加深。与立管在自重作用下形成的静态沟槽形状相比，变形后的沟槽起始点 TBP 与最深点 TMP 逐渐向顶端点偏移，而尾端点 TEP 向尾端点偏移，使其总长度增加。

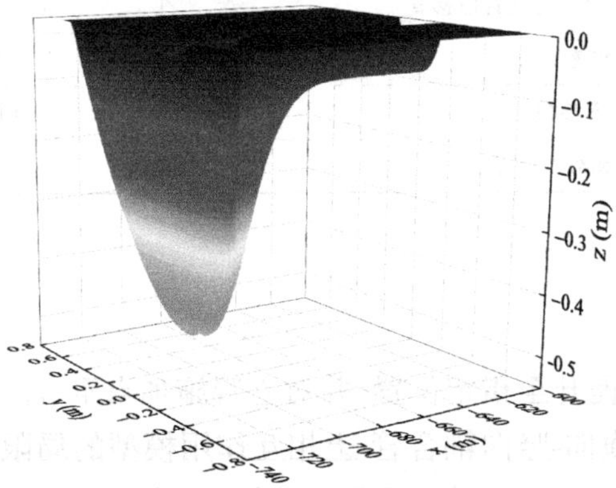

图 4-7 三维沟槽形状

平台循环横荡运动下形成钟口形沟槽平面形状，也与 Bridge 和 Howells 在实际工程中的观测结果以及试验结果一致。由图 4-8(b)可见，沟槽最左侧区域宽度较窄，但沿管长方向快速增大至最大值。这是由于在最后一个加载循环内，沟槽最前端位置处立管刚开始与海床接触，贯入土体深度较浅，并在其横向位移接近最大值时与海床分离。此外，沟槽两侧壁的上沿并未以 xz 平面为中心完全对称。其原因有两点：一是立管初始构型位于 xz 平面，在首次循环加载过程中，受扰动变形的海床横向剖面即为明显非对称形状，引起海床对立管两方向运动时的横向阻力差别；二是立管沿 y 轴正向与负向运动过程中，推动的土堆体积不同，由此引起的附加横向阻力也存在差异。但随循环加载次数增加，两沟槽侧壁逐渐趋于对称。

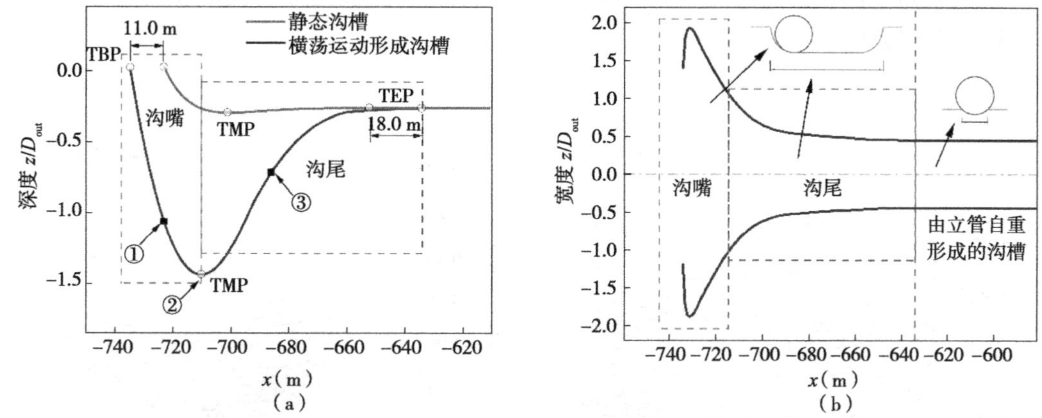

图 4-8　沟槽剖面图与俯视图

（a）剖面图　（b）俯视图

4.2.3　沟槽形成过程

在立管平面外循环运动作用下，海床沟槽不断加宽、加深，直至达到稳定形状。对该过程进行分析，有助于确定耦合模型对海床变形的影响，明确沟槽形成机理。除 TMP 外，分别在沟嘴、沟尾区域各选取一个横截面作为研究对象，其位置如图 4-8 所示，用于观测截面海床土体变形历程。

以上三点处立管管底在 SCR 顶端横荡激励下的运动轨迹如图 4-9 所示。根据 Cardoso 和 Silveira 研究结果，可利用土体承载力参数的大小将管段归类于“重管”与“轻管”。该参数为管段浸水自重 W'，即与泥面下一倍管径深度的黏土不排水抗剪强度 $s_{u,1D}$ 和管径 D_{out} 乘积的比值 $W'/(s_{u,1D}D_{out})$。在仅考虑立管自重的情况下，本次研究中的土体承载力参数值为 3.15。根据第 2 章的研究结果，触地段区域立管-海床静态竖向相互作用力高于管段浸水自重，因此将立管归类为“重管”，在发生横向运动时，管段将不断埋入土体，竖向位置逐渐降低。因此，在图 4-9 中，上述三截面处立管运动轨迹均为之字形，沟槽横截面底部坡度不断变化。在加载初期，当管段由初始位置开始向右运动时，右侧海床土体被推动变形，而左侧海床土体保持原状。其后，立管发生反向运动，其竖向高度在达到初始位置后开始不断抬升，以降低推动的土堆高度，避免过大的土体竖向、横向阻力。但管段竖向位置抬升距离在完成多次循环位移后逐渐减小。此外，在立管顶端横荡幅值恒定的情况下，沟槽横截面宽度在管段完成第 1 次位移循环后即达到最大。在后续加载中，管段难以克服由静态土堆提供的附加阻力继续移动，因此沟槽横截面宽度不再增加。

图 4-10 显示以上三个沟槽横截面随加载循环次数增加而不断加深，但增速逐渐放缓。首先，海床土体不排水抗剪强度沿深度线性增大，因此在沟槽加深的过程中，如海床对管段提供相同横向阻力，需推动土堆的体积逐渐减小。其次，如图 4-8（a）所示，沟槽也随循环次数增加而不断延长，海床对立管支撑力作用范围增大，因此局部管-土竖向相互作用力有所

降低，管段贯入变形后海床深度下降。此外，图中点①与点②沟槽深度变化趋势相近，而位于沟尾的点③沟槽深度增速明显低于前两者。其原因为点③处立管横向位移较小，且竖向管-土相互作用力更小。

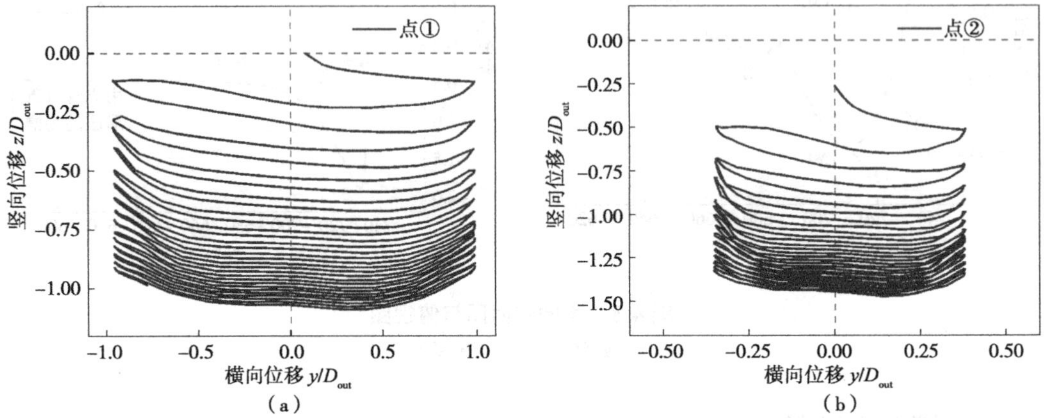

图 4-9 立管管段移动轨迹

(a)点① (b)点② (c)点③

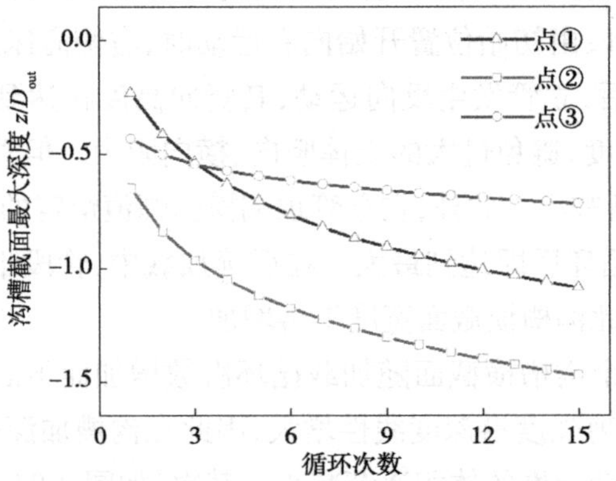

图 4-10 沟槽截面最大深度演化趋势

对比顶端悬吊点与 TBP 点的位移时程曲线可以发现，在浮式平台横向激振下，立管振动沿管长方向存在相位差，而顶端与底端的差别为 0.4p，如图 4-11 所示。由于 TBP 处立管位移较小，因此在图中将其数值放大 50 倍。将以上沟槽三截面处对应立管质点横向运动时程曲线进行对比，可见触地段区域立管位移相位差不明显，如图 4-11 所示。受海床横向阻力影响，触地段区域立管横向循环运动位移时程偏离正弦曲线形状。靠近尾端铰节点的立管管段，在运动至一侧横向位移极限后，停留时间有所延长。

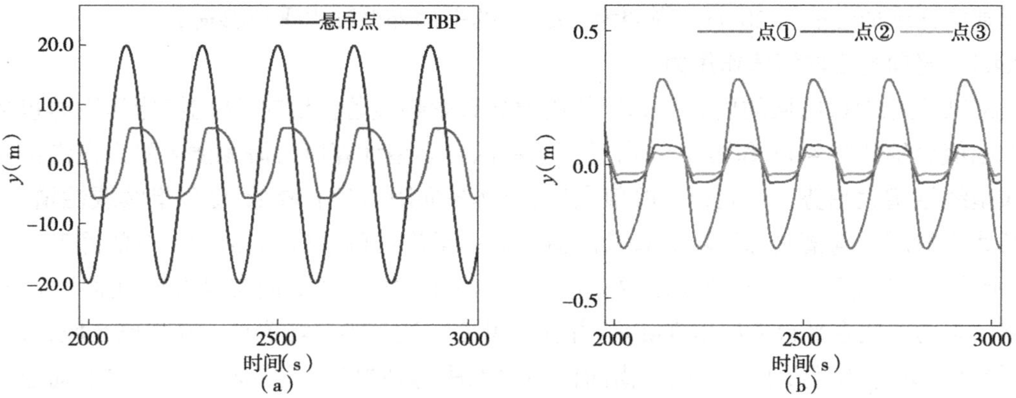

图 4-11　立管截面水平位移时程对比

(a)悬吊点与 TBP 对比(TBP 点位移已放大 50 倍) (b)触地段区域三点对比

三处管段在横向循环运动过程中，推动的土堆面积时程曲线如图 4-12 所示。在管段向右侧(y 轴正向)运动过程中，定义土堆面积为正，反之则为负。在管段初始运动及反向运动阶段，土堆面积不断累积，在管段移动至横向极限位置时达到峰值；而在卸载阶段，形成的土堆被留置于管段后侧，土堆面积骤降至 0；在管段位移增加进入反向运动阶段后，土堆面积反向增大。由于竖向管-土相互作用力以及管段横向位移增加均可提高土堆峰值面积，因此沟嘴区域的土堆面积显著高于沟槽尾部区域。此外，单次位移循环形成的土堆面积随循环次数增加而降低，表明管段运动引起的隆起土体高度减小，与图 4-9 结果一致。

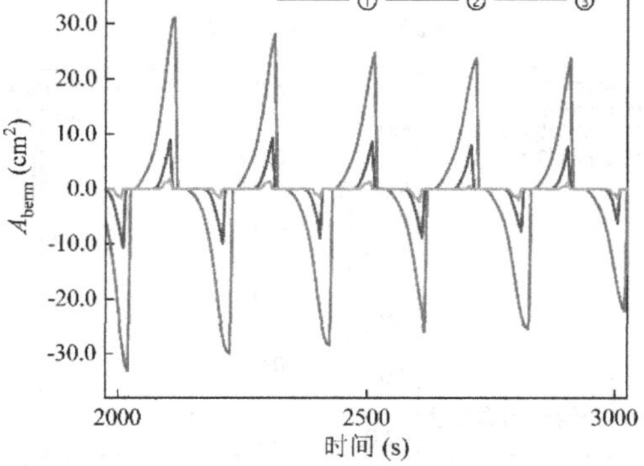

图 4-12　三截面处土堆面积变化时程曲线对比

4.2.4 耦合模型与三折线摩擦模型对比

在横向管-土相互作用三折线摩擦模型(简称三折线模型)中,管-土横向作用力同样可用本章的式(4-1)与式(4-3)计算,土体对管段的竖向支撑力由 R-Q 非线性模型计算,不受横向运动影响。但该模型未考虑管段前方土体隆起及土堆积累过程,无法模拟海床变形及沟槽演化。由于不同管-土相互作用模型对海床作用力影响显著,因此有必要研究采用耦合模型与三折线摩擦模型时, SCR 动力响应的差别。为便于对比,在采用三折线模型时,对立管顶端同样施加幅值为 20.0 m、周期为 200.0 s 的平面外循环水平位移荷载。

4.2.4.1 竖向与横向海床作用力

SCR 在触地段区域的内力受海床作用力分布影响显著。横向、竖向海床作用力包络曲线及幅值分别如图 4-13 和图 4-14 所示。采用耦合模型计算所得海床横向阻力在沟槽起始区域呈线性增大趋势。达到第一峰值点后,土体横向阻力稍有降低,随后继续线性增大,但增长速率放缓。沟槽底部区域立管管段横向运动至沟槽侧壁后,与前期形成的静态土堆接触,所受土体附加阻力明显增大;此外,沟槽底部海床对立管的竖向支撑力较为集中,因此土体横向阻力曲线在平台期后出现陡增,并在沟槽底部达到第二峰值点。在沟尾区域,管段横向循环位移幅值降低,土体提供的横向作用力无法达到"横向残余阻力",加之推动土堆面积减小,土体总横向阻力逐步降低,并在流线段减小至 0。

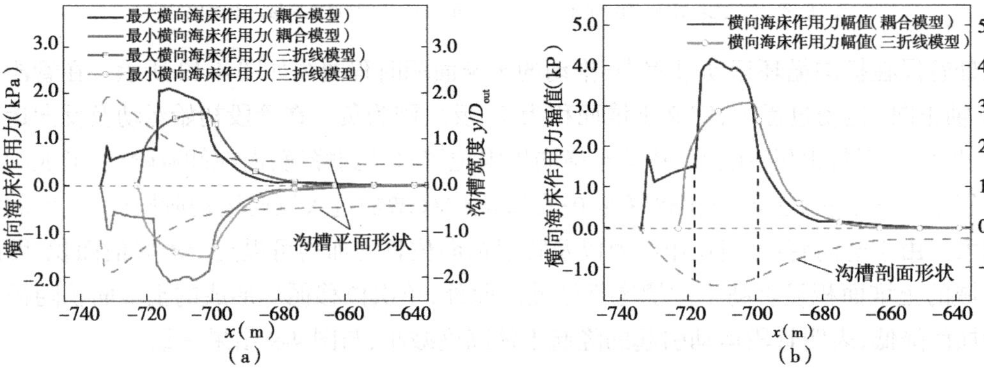

图 4-13 横向海床作用力分布

(a)包络线 (b)幅值

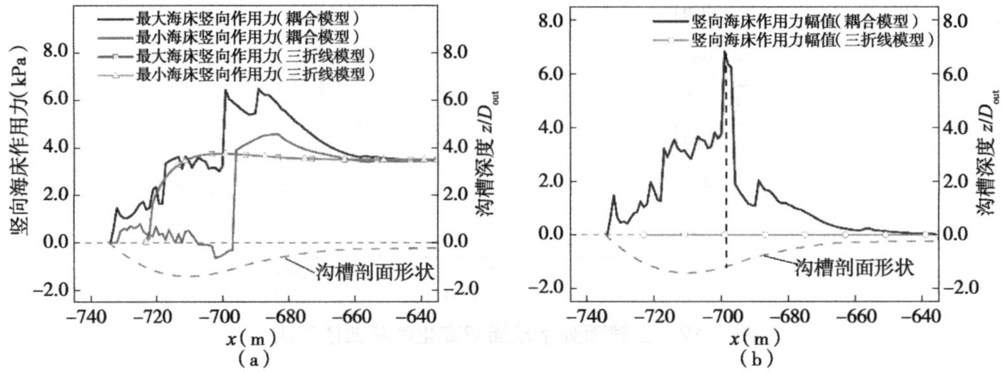

图 4-14 竖向海床作用力分布

(a)包络线 (b)幅值

此外，图 4-13（a）显示耦合模型计算所得横向土体作用力包络线以 x 轴为中心对称，但由于沟槽底部存在坡度及沿两方向运动时形成的土堆体积不同，使得曲线正负峰值存在一定差别。与耦合模型相比，三折线模型由于无法模拟沟槽不断加深的过程，因此在横向加载过程中，立管于静态触地点位置开始与海床横向接触，土体横向阻力作用范围与采用耦合模型计算的结果相比更短。采用三折线模型同样无法考虑土堆附加阻力作用，计算所得海床横向阻力峰值与幅值显著降低。

在图 4-14 中，采用耦合模型计算得到的海床对管段的竖向支撑力上包络线沿沟槽逐渐增大，并在达到沟槽最深点前出现第 1 次陡增，其位置与土体横向作用力增速缓慢阶段的终点重合。其后，海床竖向作用力上包络线基本持平，并在沟尾区域出现第 2 次陡增，达到第一峰值点。海床竖向力第二峰值同样位于沟槽尾端，其大小与第一峰值接近，而在两峰值点之间，海床竖向支撑力稍有降低。在接近流线段的过程中，海床支撑力降低至与浸水后立管自重平衡。采用耦合模型计算所得海床支撑力下包络线在沟嘴区域始终为正值，表明管段始终低于变形后的海床表面；而在靠近 TMP 处的沟尾区域出现负值，表明管段与海床分离，土体对其提供吸力。在采用三折线模型计算后，施加顶端横向激励无法使立管发生平面内振动，海床竖向作用力上、下包络线重合。在图 4-14（b）中，采用耦合模型得到的海床竖向支撑力幅值的峰值点同样位于沟尾区域，与上包络线的第一峰值点位置重合；而采用三折线模型后，海床作用力未出现波动。采用两种模型计算所得触地段区域内立管横向运动范围对比如图 4-15 所示。由于三折线模型中立管所受海床横向阻力降低，因此立管运动范围更大。

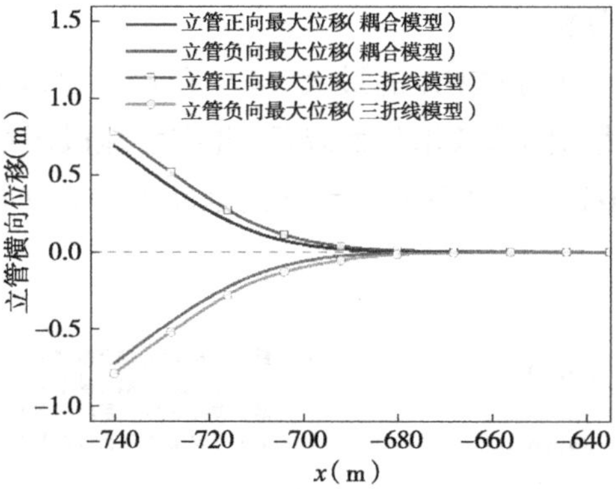

图 4-15　立管横向位移包络线对比

为明确采用耦合模型的横向管-土循环接触过程，选取上一节确定的三个沟槽截面上的土体横向阻力-管段位移曲线绘制于图 4-16 中。截面①的滞回曲线较为饱满。在管段转换运动方向时，海床横向阻力降低至 0，其后随管段位移增大而反向增加，在达到 u_{res} 后横向阻力增速放缓。截面②的滞回曲线与之相近，但在管段接近最大横向位移时，开始与静态土堆接触，所受附加横向阻力增大，进一步约束管段横向位移。由于截面③处管段横向运动幅值较小，在单侧位移接近 u_{bre} 管段已转换方向，此时海床横向阻力-管段位移仍呈线性关系。

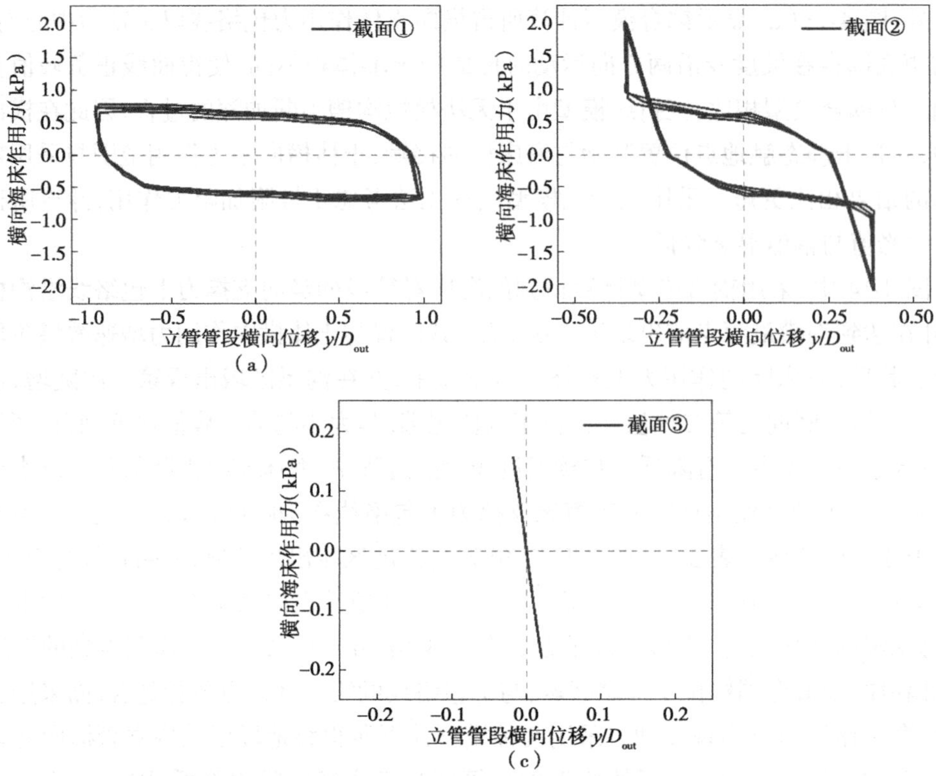

图 4-16 横向海床作用力与立管管段位移关系

(a)截 1 (b)截 2 (c)截 3

4.2.4.2 有效拉力及弯矩分析

采用不同海床模型计算得到 SCR 的最大、最小有效拉力包络如图 4-17 所示。有效拉力在立管顶端达到峰值,然后随弧长增加而降低,并在触地段区域保持稳定。图中,有效拉力上下包络线差别小于 1.0 kN,表明浮式平台横荡运动未引起立管发生剧烈的竖向振动,并对立管轴向力无影响。

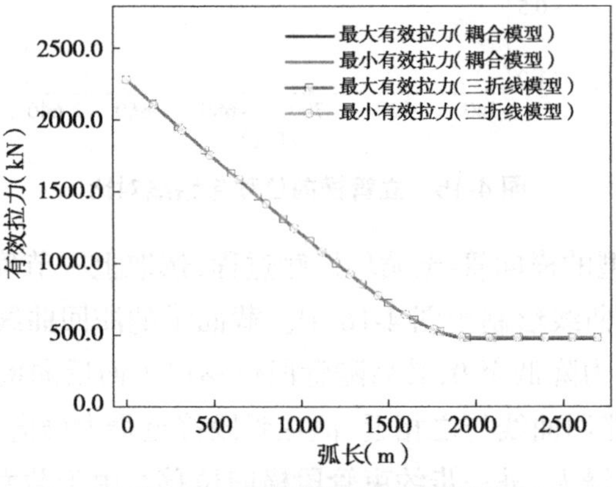

图 4-17 立管有效拉力包络线

动态加载过程中,立管平面内弯矩包络线与幅值曲线绘制于图 4-18 中。在图 4-18(a)

中，弯矩上、下包络线沿管长分布一致，均由顶端悬吊点开始逐渐增大，并在立管与海床接触前达到峰值。采用不同海床模型计算所得的弯矩峰值相近，但采用耦合模型计算得到的弯矩谷值低于三折线模型的结果。对于耦合模型，由于沟槽横截面形状改变，触地段区域立管竖向位置也在横向运动过程中不断变化，引起平面内弯矩波动。如图 4-18（b）所示，立管平面内弯矩变化集中于沟槽所在区域，并在沟槽底部弯矩幅值达到最大。而采用三折线模型计算不引起立管竖向位置发生明显变化，因此 SCR 平面内弯矩幅值波动较小，在触地段区域亦无峰值。

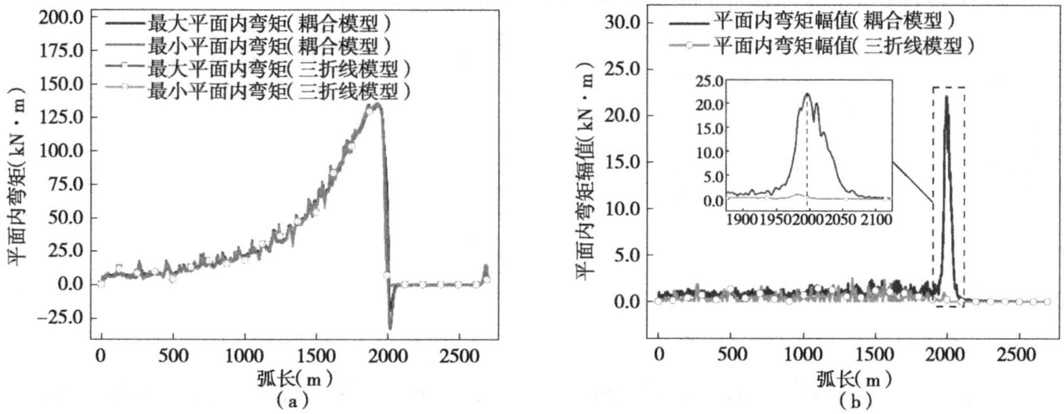

图 4-18　立管平面内弯矩分布

（a）包络线　（b）幅值

钢悬链立管平面外弯矩包络线及幅值如图 4-19 所示。在悬垂段部分，立管平面外弯矩接近于 0。在立管与海床接触后，立管横向运动开始受到海床约束作用，其平面外弯矩迅速增加，且弯矩上、下包络曲线沿 x 轴对称。由该图可以看出，采用两种土体模型计算所得的立管平面外弯矩包络线及幅值曲线相近，且其峰值高于立管平面内最大弯矩幅值。

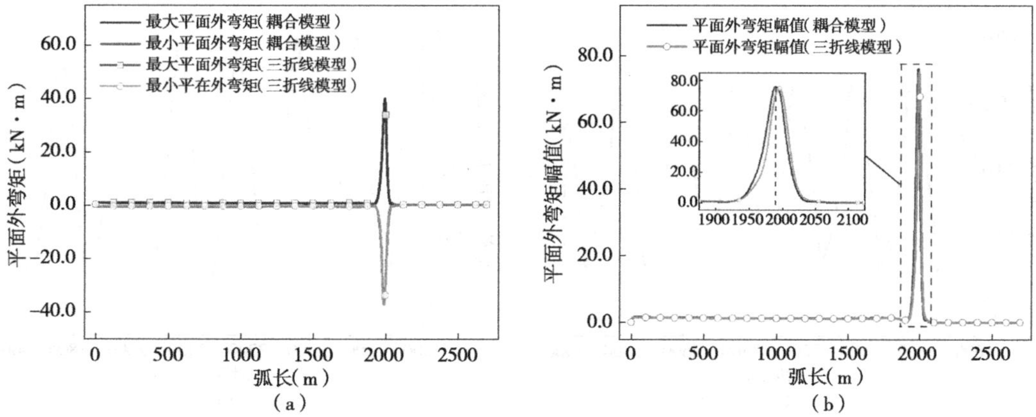

图 4-19　立管平面外弯矩

（a）包络线　（b）幅值

4.2.4.3 应力分析

由于实际工程中,沟槽在数月内即可达到稳定形状,因此在立管自开始铺设至沟槽成型的过程中,立管应力波动引起的累积疲劳损伤较小,但仍有必要对立管循环横向运动下的应力变化情况进行评估。立管平面内、外应力变化幅值如图 4-20 所示。由于立管有效拉力变化不明显,因此弯矩波动成为立管应力变化的主导因素,立管应力幅值与弯矩幅值曲线形状相近。钢悬链立管顶端循环横荡激励引起的平面内应力幅值,显著低于第 2 章中顶端垂荡激励引起的应力幅值。此外,在稳定沟槽中,立管横向运动引起的隆起土体高度较低,因此土堆对管段的附加作用力减小,管-土横向作用可能更接近于摩擦模型。

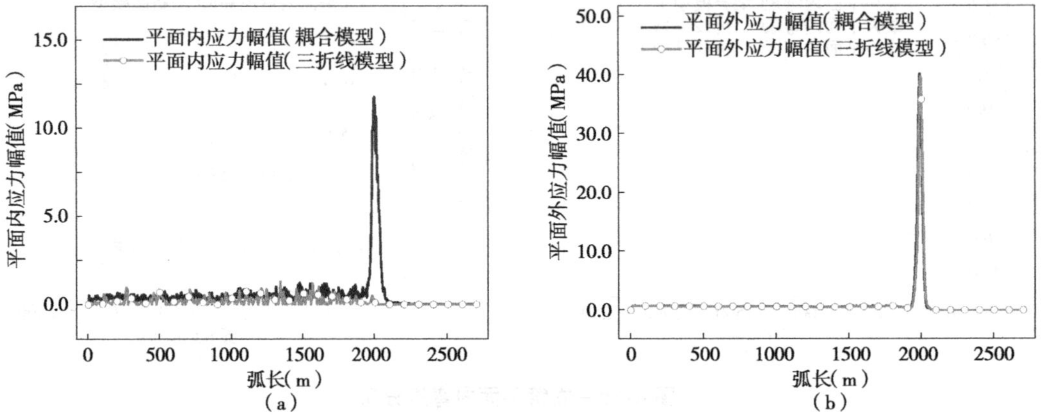

图 4-20 立管应力幅值分布

(a)平面内应力幅值 (b)平面外应力幅值

在耦合模型中, 4.3.3 节选取的三个沟槽截面对应立管质点的平面外应力时程曲线如图 4-21 所示。各点处应力时程与正弦曲线相似,并在加载后期已达到稳定。对于选取的第三点,立管在达到峰值应力后,会继续保持该应力水平较长时间。

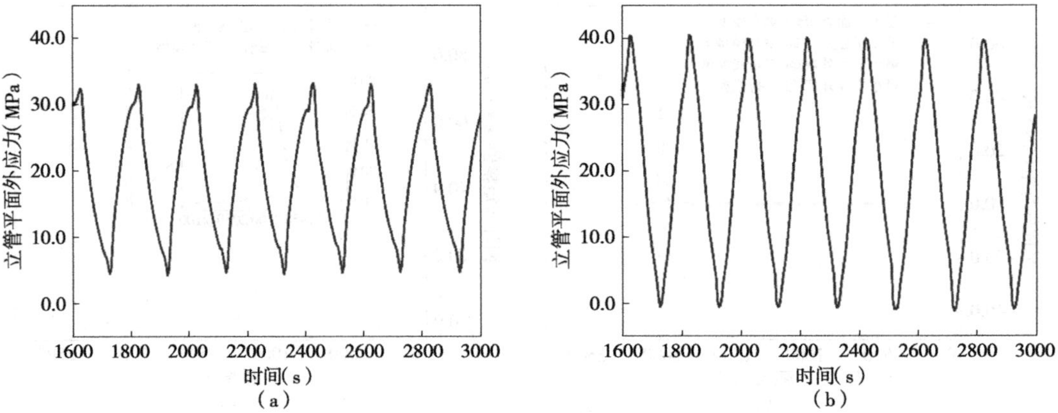

图 4-21 立管平面外应力时程

(a)点 1 (b)点 2

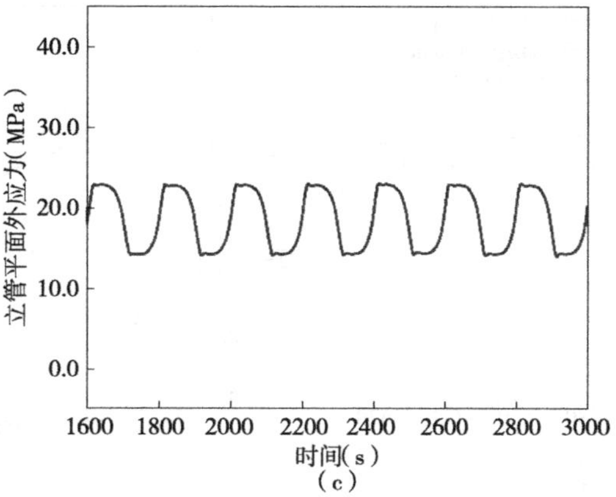

(c)

图 4-21　立管平面外应力时程(续)

(c)点 3

4.3　参数化分析

钢悬链立管动力响应与海床沟槽形状受立管加载工况、海床作用力影响显著。本节后续内容主要研究 SCR 在浮式平台循环横荡作用下,加载幅值、耦合模型参数变化对沟槽平面、剖面形状以及海床横向作用力的影响。

4.3.1　横荡加载幅值影响

本节选取平台横荡位移幅值为 12.0 m、20.0 m 与 28.0 m,开展 SCR 动力计算,循环加载次数为 15 次,在此过程中保持加载周期 200.0 s 不变。由此形成的沟槽平面、剖面形状如图 4-22 所示。根据 4.3 节研究结果可知,对于本文选取的 SCR 及土体抗剪强度参数,在管段与海床接触并发生横向位移时,管段竖向位置不断降低。因此,当施加较大的立管顶端横荡位移时,触地段立管横向位移增加,竖向贯入深度随之增大,引起沟槽不断加深。当幅值由 12.0 m 增大至 20.0 m 与 28.0 m 后,沟槽最大深度分别增加 24.39% 与 57.04%,而沟槽最大宽度增速更快,增长比例达 56.60% 与 119.29%,如图 4-23(a)所示。但在位移幅值变化过程中,沟槽最大深度与宽度仍呈线性变化关系,如图 4-23(b)所示。

海床横向作用力包络线对比如图 4-24 所示。各包络线趋势相近,但增大横荡幅值使得海床阻力增加,达到峰值点后作用力维持距离更长;由于位移幅值增大后沟槽 TMP 向立管尾端点运动,土体横向阻力峰值点随之同侧移动。

4.3.2　竖向海床支撑力参数

由式(4-9)与式(4-10)可知,改变参数 α 与 β 可影响海床对管段的竖向支撑力。根据 White 和 Cheuk 研究结果,α 可取值为 0.015、β 则建议在 2.0~3.0 区间内确定。对于不同海域海床黏土,其性质可能存在较大差别,使得土体参数偏离本次算例中的取值,故应就土体参数对沟槽的影响进行评估。在本节各计算工况中,首先将 α 选定为 0.005、0.015 与 0.025,同时保持其他参数不变;其后再次改变 β 值为 2.0、2.3 与 3.0。

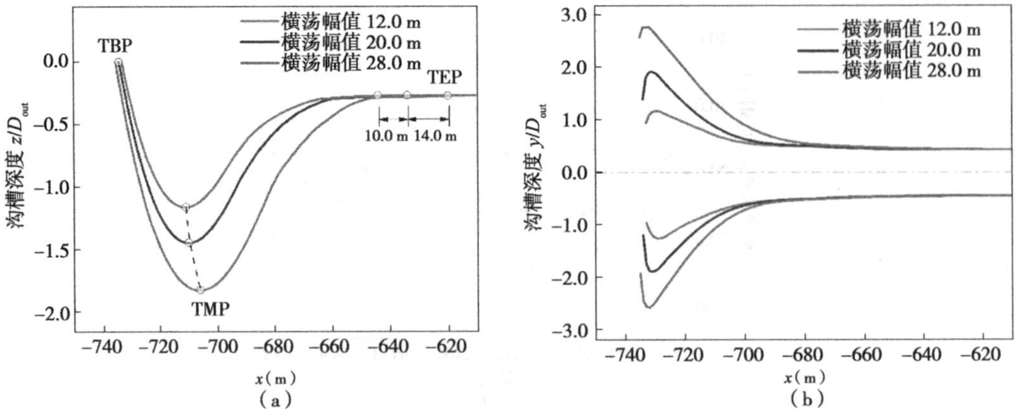

图 4-22　不同横荡幅值下沟槽形状

(a)沟槽平面　(b)沟槽剖面

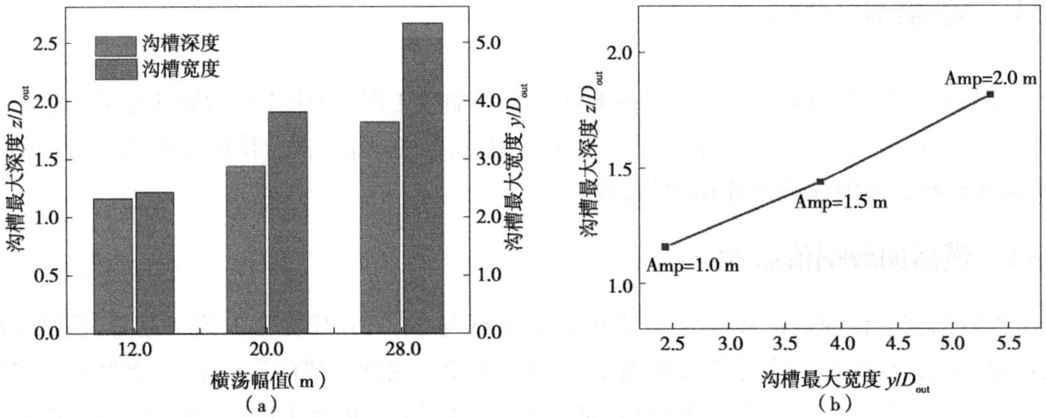

图 4-23　不同横荡幅值下沟槽深度、宽度分析

(a)沟槽最大深度、宽度变化趋势　(b)沟槽最大宽度与深度的关系

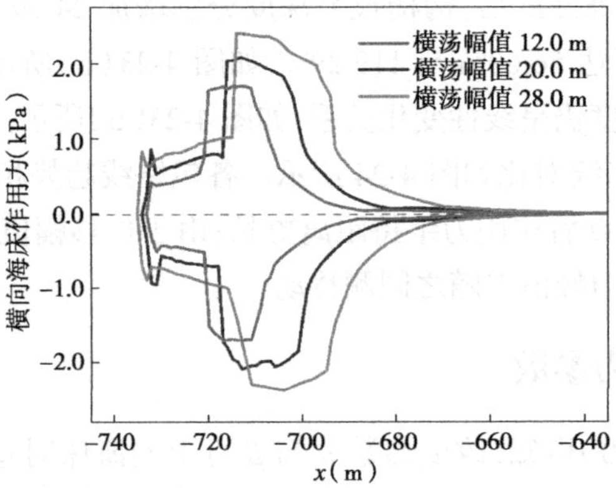

图 4-24　不同横荡幅值下横向海床作用力包络线对比

当管段横向推动的隆起土体高度一定，选用的 α 与 β 值较大时，计算得到的海床竖向支撑力有所降低，进而引起海床横向阻力下降。因此，增大 α 与 β 可提高隆起土体的高度，以

支撑立管竖向荷载,使得沟槽深度增加,如图 4-25(a)与图 4-26(a)所示。沟槽长度与深度同时增大,TBP 与 TEP 分别向立管顶端与尾端移动,且 TEP 移动距离长于 TBP。此外,在 α 与 β 增大后,沟嘴与沟尾坡度均有所提高。在 β 由 2.3 增大至 3.0 后,沟尾处立管横向运动范围有所增长,使得沟槽显著加深。但在其余加载工况中,改变以上两参数,对触地段区域内立管横向运动范围影响较小,如图 4-25(b)与图 4-26(b)所示。

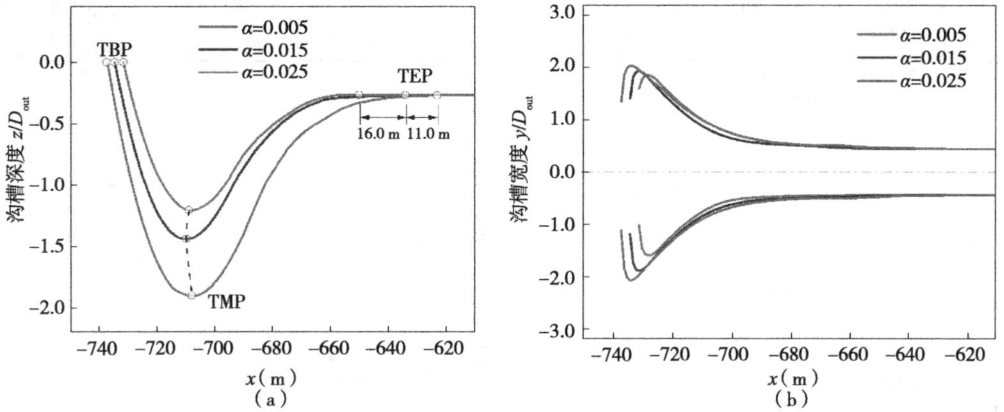

图 4-25　不同 α 值计算所得沟槽形状

(a)沟槽平面　(b)沟槽剖面

在 α 由 0.005 提高至 0.025 后,沟槽最大宽度与深度分别增加 19.05% 与 57.51%; β 由 2.0 增大至 3.0 后,宽度与深度增加比例分别为 11.89% 与 75.93%,如图 4-27(a)所示。以上对比显示出 α 与 β 的改变对沟槽深度的影响远大于对宽度的影响,且在参数变化过程中,沟槽深度与宽度呈非线性变化关系,如图 4-27(b)所示。

如图 4-28 所示,海床最大水平阻力随 α 与 β 增加而有所降低,但峰值阻力持续距离有所延长。该现象在 β 由 2.3 增大至 3.0 后尤为明显,由于沟槽尾端加宽、加深,土堆体积增加,使得海床作用力有所增长,且作用范围延长;但随土体参数增加,海床横向峰值作用力有所降低。

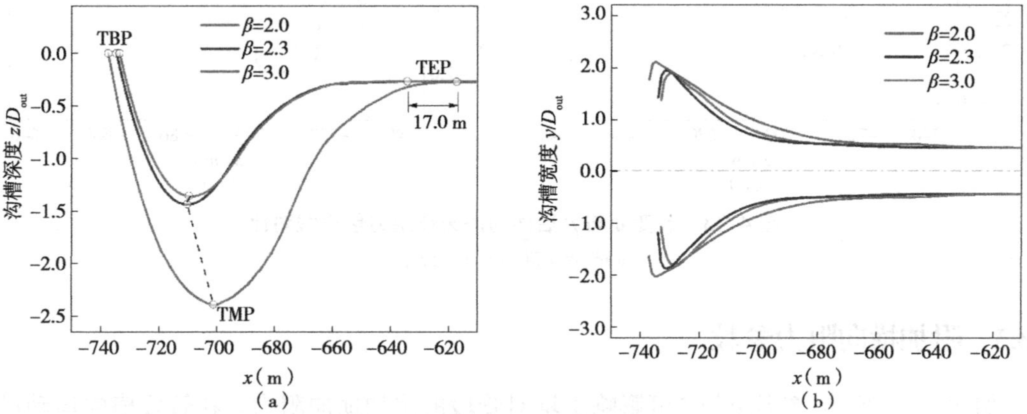

图 4-26　不同 β 值计算所得沟槽形状

(a)沟槽平面　(b)沟槽剖面

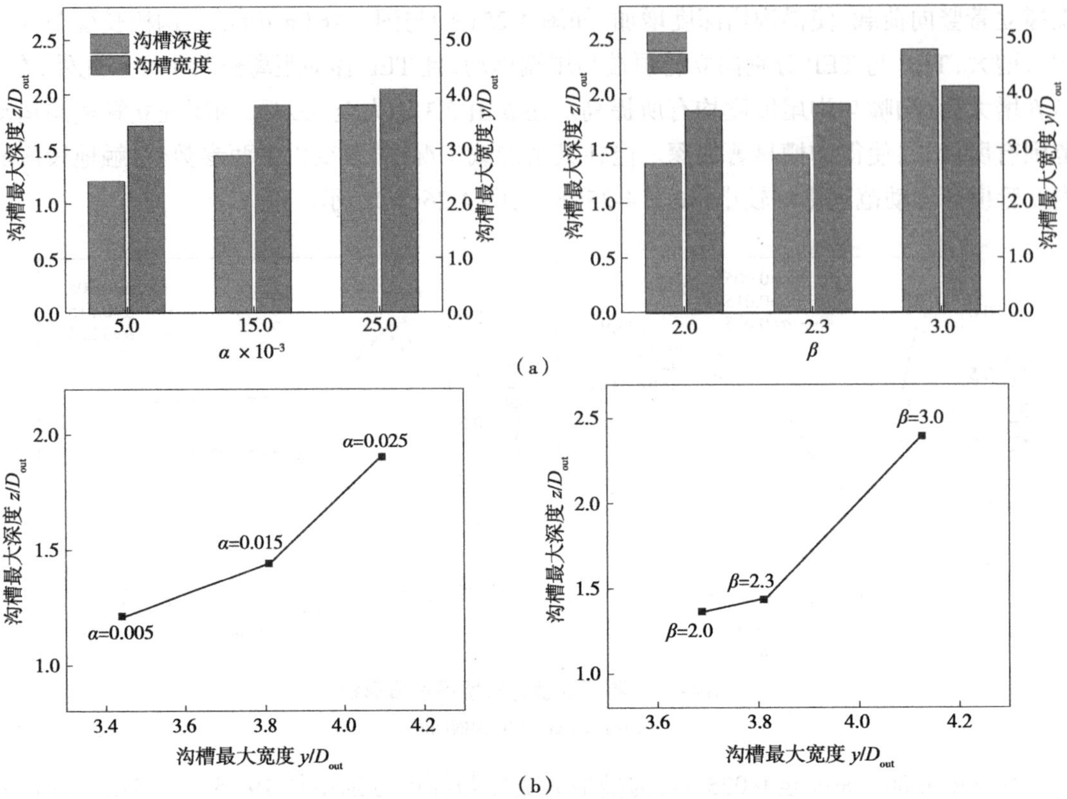

图 4-27 不同 α 与 β 值计算所得沟槽深度、宽度分析

(a)沟槽最大深度、宽度变化趋势 (b)沟槽最大宽度与深度的关系

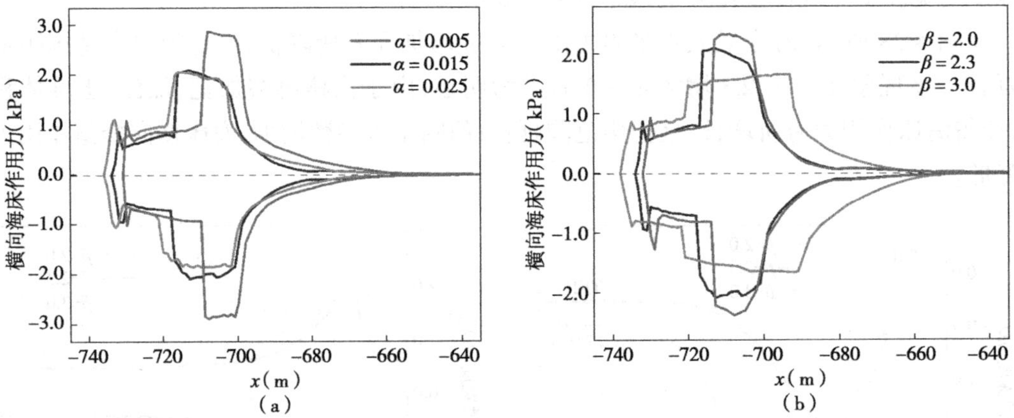

图 4-28 改变 α 与 β 后横向海床作用力包络线对比

(a)改变 α 值 (b)改变 β 值

4.3.3 附加横向阻力参数

如式(4-5)所示，参数 δ 与 λ 可影响土堆对管段的附加横向阻力。在管段横向运动过程中，如土堆体积增长、但形状始终保持相似，且土堆对管段的附加阻力完全由土堆基底剪切

提供时,参数 δ 等于 0.5。λ 则与土堆实际形状有关,且受土堆基底剪切长度与土堆内部平均剪应变速率影响,在分析中可假设为 1.0。但在工程应用中上述假定难以保证,因此分别选取 δ 为 0.25、0.5、0.75,λ 为 0.5、1.0、1.5,开展立管顶端横荡加载,确定各参数影响。

选取不同 δ 与 λ 时,形成的沟槽剖面与平面形状对比如图 4-29 和图 4-30 所示。δ 增大后,沟槽深度与长度随之增加,其 TBP 位置不变,TMP、TEP 均向立管尾端移动;各沟槽平面形状相近,宽度稍有增加。与之相反,沟槽深度与长度在 λ 增大后有所降低,且在 λ 由 0.5 增大至 1.0 时,沟槽剖面变化更为明显。假定各参数下管段横向移动推动的土堆体积一定,δ 降低或 λ 提高均会使得附加横向阻力增大,进一步限制管段横向位移与隆起土体高度。

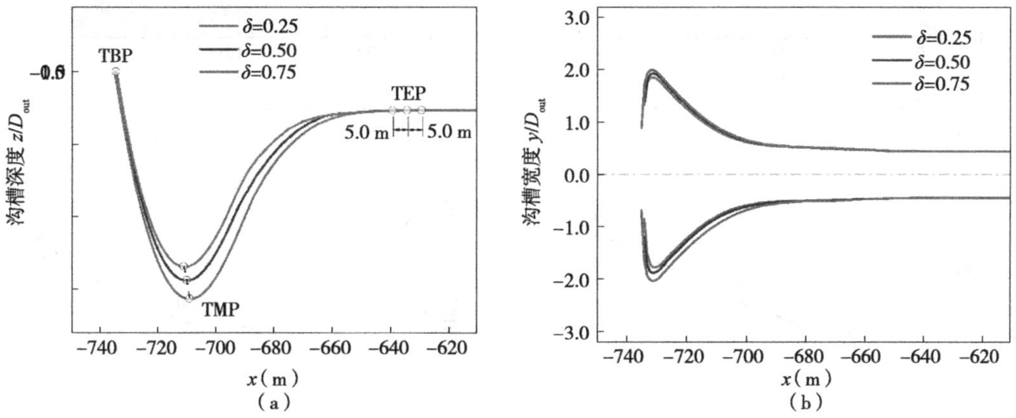

图 4-29　不同 δ 值计算所得沟槽形状

(a)沟槽平面　(b)沟槽剖面

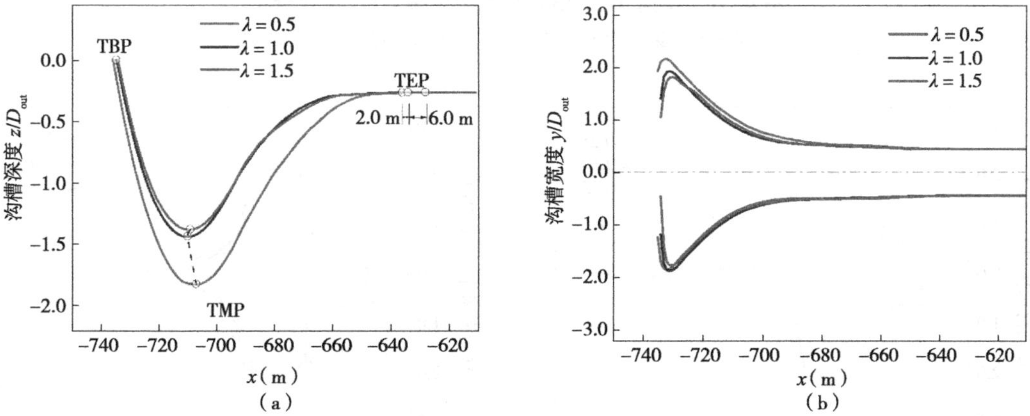

图 4-30　不同 λ 值计算所得沟槽形状

(a)沟槽平面　(b)沟槽剖面

图 4-31 显示,在 δ 由 0.25 增大一倍或两倍后,沟槽最大深度增加 6.98% 与 16.43%,最大宽度增量与之相近。因此,在参数变化过程中,沟槽深度与宽度近似呈线性关系,如图 4-31(b)所示。而当 λ 由 0.5 增加至 1.0 与 1.5 后,沟槽最大深度分别降低 21.11% 与 24.31%,但其最大宽度下降速度基本稳定,故沟槽宽度与深度呈非线性关系。海床最大横向

作用力在以上两参数改变时未显示出明显差别，但在δ增大或λ减小时，最大海床横向阻力作用范围有所延长，如图 4-32 所示。

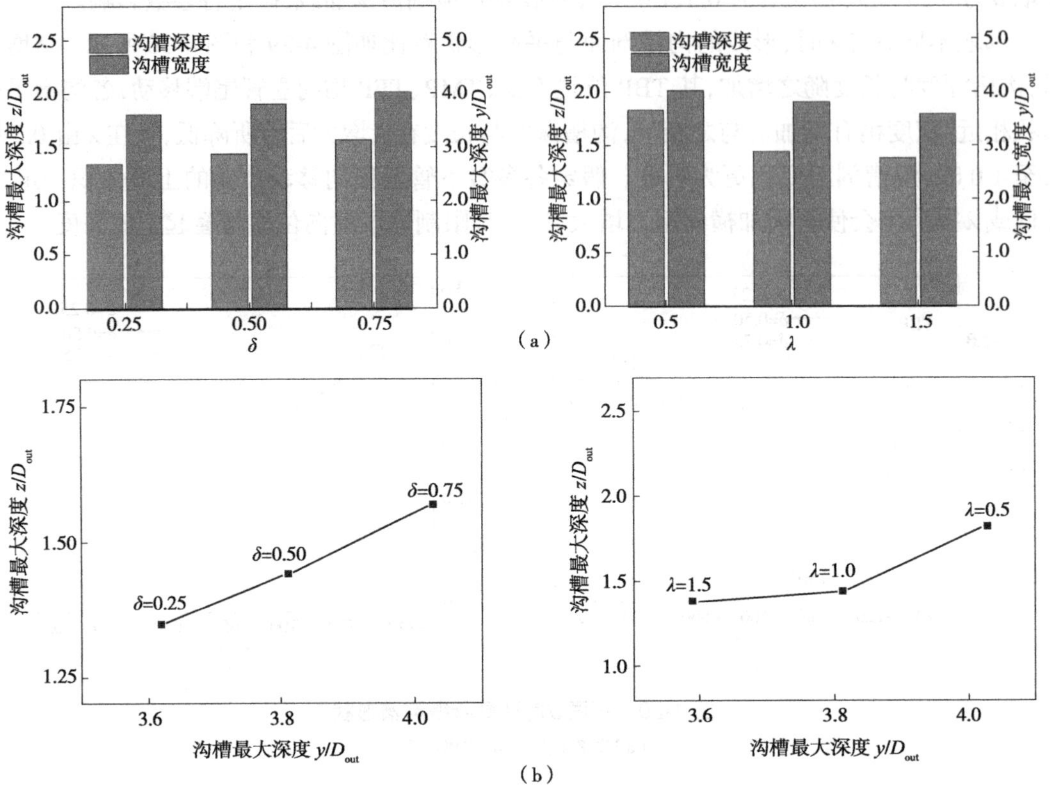

图 4-31 不同δ与λ值计算所得沟槽深度、宽度分析

(a)沟槽最大深度、宽度变化趋势 (b)沟槽最大宽度与深度的关系

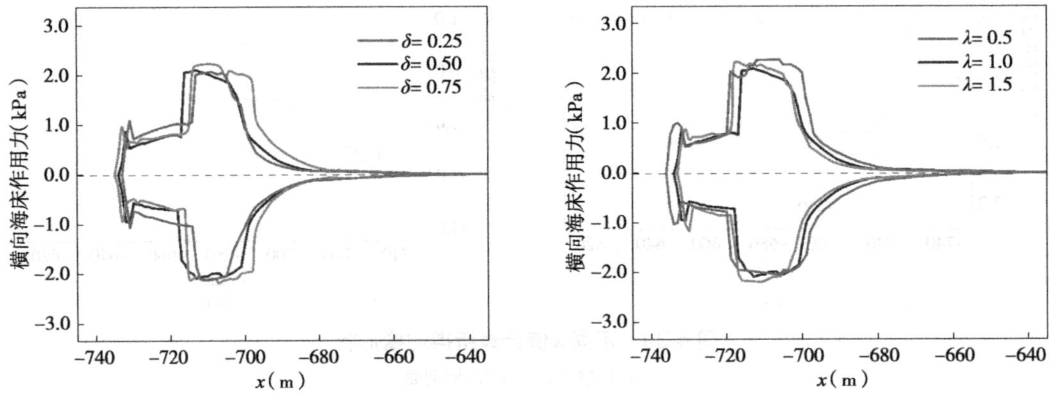

图 4-32 改变δ与λ后横向海床作用力包络线对比

(a)改变δ值 (b)改变λ值

4.3.4　横向卸载刚度

横向卸载刚度 k_h 可影响海床横向阻力下降速率，更高的刚度可缩短卸载阶段持续距离，进而延长后续的反向运动阶段横向运动距离、增大管段在该过程中的竖向位移。如图 4-33 所示，沟槽深度与宽度均随 k_h 提高而增大，但 TBP、TMP 与 TEP 移动距离小于 1.0 m，因此可认为沟槽长度不随 k_h 变化。沟槽深度的增长速率也随横向卸载刚度增大而有所提高，但沟槽最大宽度变化较小，如图 4-34（a）所示。因此，在 k_h 变化过程中，沟槽宽度与深度呈非线性关系，如图 4-34（b）所示。

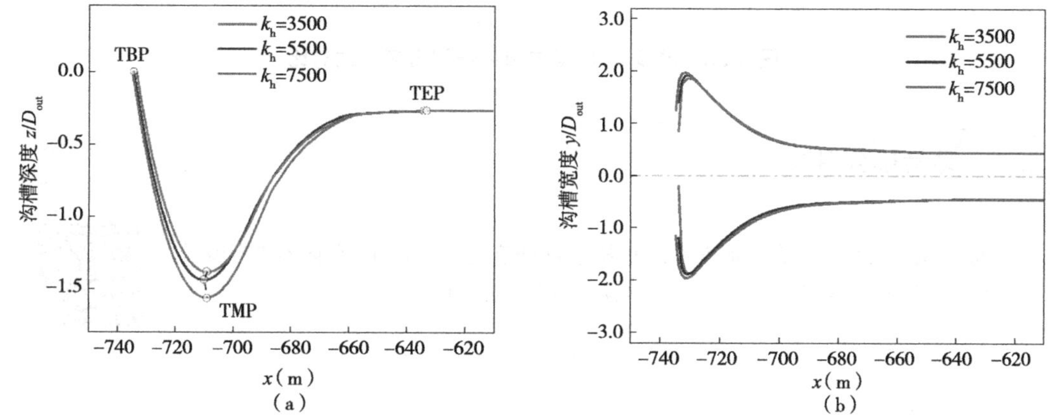

图 4-33　不同横向卸载刚度计算所得沟槽形状

（a）沟槽平面　（b）沟槽剖面

此外，不同 k_h 计算所得海床横向阻力包络线相近，表明 k_h 与竖向支撑力参数及附加横向阻力参数相比，对沟槽及对海床横向阻力的影响相对较小，如图 4-35 所示。

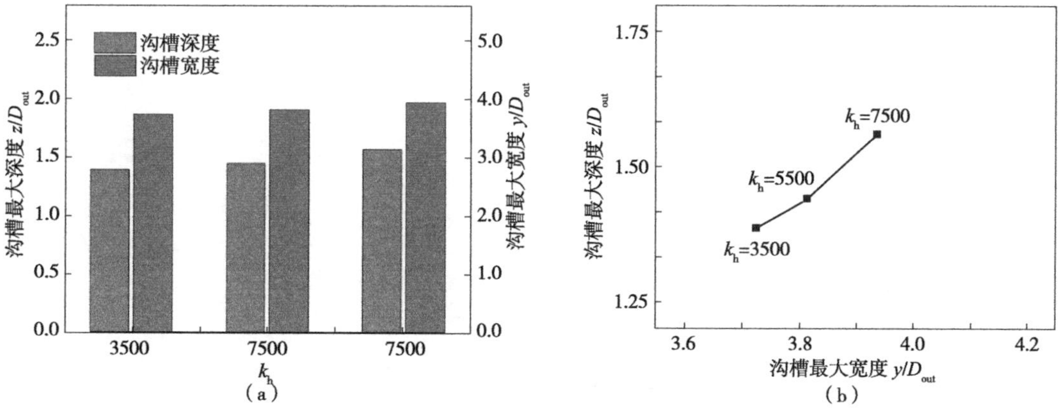

图 4-34　横向卸载刚度改变后沟槽深度、宽度分析

（a）沟槽最大深度、宽度变化趋势　（b）沟槽最大宽度与深度的关系

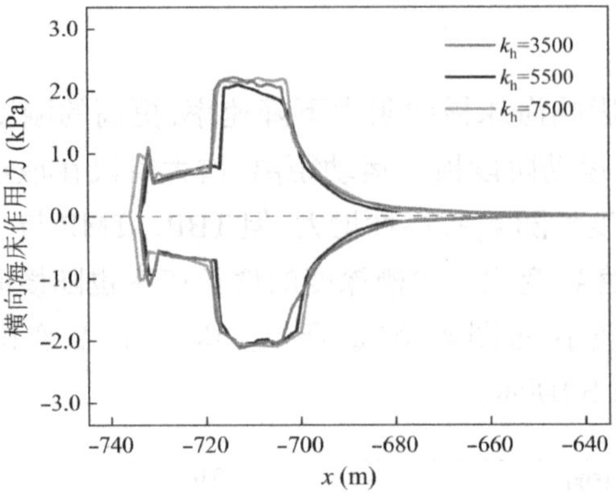

图 4-35 改变 k_h 后横向海床作用力包络线对比

本章部分图例

说明:为了方便读者直观地查看彩色图例,此处节选了书中的部分内容进行展示。页面左侧的页码,为您标注了对应内容在书中出现的位置。

第 5 章　海床沟槽对立管受力及疲劳损伤的影响

钢悬链立管在浮体与环境荷载作用下发生循环振动，使黏土海床受到扰动而不断变形，数月内形成较为稳定的沟槽。海床形状变化会影响对立管的竖向作用力分布，进而改变立管内力响应，但沟槽形状对 SCR 疲劳损伤的影响仍存在争议。

本章首先结合悬链线与边界层理论，计算置于刚性海床的钢悬链立管静态构型及内力分布，分析改变垂荡加载幅值、触地点处海床坡度对立管静态应力变化的影响，为数值分析提供基础。其后，基于 VFIFE 程序及竖向管-土相互作用 R-Q 模型，计算在浮体循环垂荡与静态漂移、低频纵荡运动组合作用下，立管与海床反复接触产生的沟槽形状，分析加载参数与土体参数变化对沟槽形状的影响。提出"插入法"（Insertion Method），将本章沟槽及第 4 章中浮体横向运动产生的沟槽引入 SCR 动态分析计算模型，研究不同沟槽形状对海床作用力与立管应力幅值的影响。与传统"系数转换法"（Switching Method）相比，利用插入法引入沟槽更为合理，且不会导致立管局部应力集中。在此基础上，进一步分析沟槽深度、位置、表面土体强度变化，对 SCR 应力幅值的影响。

5.1　倾斜海床对钢悬链立管受力影响的理论分析

5.1.1　基于悬链线理论的立管静力学计算

当钢悬链立管触地点位于沟槽内部时，沟槽形状不同会导致海床作用力存在差别。本节结合悬链线与边界层理论，将海床简化为刚性面，计算立管顶端竖向位置变化后，不同海床坡度对立管内力分布及应力波动的影响，为后续研究提供基础。

深海钢悬链立管长径比值较大，立管刚度对结构变形与内力计算影响较小，仅在触地段区域结果存在偏差。因此，可假定钢悬链立管为理想柔性索结构，其内部仅存在轴向拉力、无弯矩与压力，同时忽略立管轴向变形，以悬链线方程进行求解。理论模型中，以立管触地点为原点建立坐标系，过原点的海床倾角为 j，立管顶端点高度（纵坐标）为 L、与水平方向夹角为 x，如图 5-1 所示。

取立管微元体进行受力分析，可得到 Clebsh-Love 方程

$$EI\frac{\mathrm{d}^2\theta}{\mathrm{d}s^2}+Q=0 \tag{5-1}$$

$$\frac{\mathrm{d}T}{\mathrm{d}s}-Q\frac{\mathrm{d}\theta}{\mathrm{d}s}-w\sin\theta=0 \tag{5-2}$$

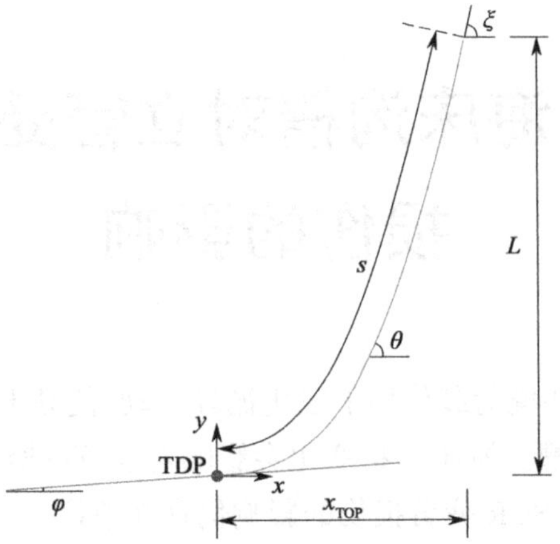

图 5-1 钢悬链立管理论计算模型

$$\frac{\mathrm{d}Q}{\mathrm{d}s}+T\frac{\mathrm{d}\theta}{\mathrm{d}s}-w\cos\theta=0 \tag{5-3}$$

式中：T 为立管微元体轴向拉力；Q 为剪力；θ 为微元体与水平方向夹角；s 为微元体与立管触地点间的弧长；w 为立管单位长度浸水后自重。将式(5-1)代入可得

$$T=\left(w\cos\theta+EI\frac{\mathrm{d}^3\theta}{\mathrm{d}s^3}\right)\Big/\left(\frac{\mathrm{d}\theta}{\mathrm{d}s}\right) \tag{5-4}$$

继续将式(5-4)代入式(5-2)，得

$$EI\left[\frac{\mathrm{d}}{\mathrm{d}s}\left(\frac{\mathrm{d}^3\theta}{\mathrm{d}s^3}\Big/\frac{\mathrm{d}\theta}{\mathrm{d}s}\right)+\frac{\mathrm{d}\theta}{\mathrm{d}s}\frac{\mathrm{d}^2\theta}{\mathrm{d}s^2}\right]-w\left[2\sin\theta+\left(\frac{\mathrm{d}^2\theta}{\mathrm{d}s^2}\cos\theta\right)\Big/\left(\frac{\mathrm{d}\theta}{\mathrm{d}s}\right)^2\right]=0 \tag{5-5}$$

对式(5-5)进行积分，得

$$EI\left[\left(\frac{\mathrm{d}^3\theta}{\mathrm{d}s^3}\cos\theta\right)\Big/\frac{\mathrm{d}\theta}{\mathrm{d}s}+\frac{\mathrm{d}^2\theta}{\mathrm{d}s^2}\sin\theta\right]+(w\cos^2\theta)\Big/\frac{\mathrm{d}\theta}{\mathrm{d}s}=a \tag{5-6}$$

在立管触地点处，$\theta=\varphi$ 可求得

$$a=T_0\cos\varphi-Q_0\sin\varphi=H_0 \tag{5-7}$$

式中：T_0、Q_0 与 H_0 分别为触地点处立管轴向拉力、剪力与水平方向合力。

继续对式(5-6)进行积分，得

$$EI\frac{\mathrm{d}^2\theta}{\mathrm{d}s^2}\sec\theta+ws=H_0\tan\theta \tag{5-8}$$

当忽略式(5-8)左端第 1 项时，即可得到悬链线方程。将 $\tan\theta=\frac{\mathrm{d}y}{\mathrm{d}x}$、$s=\int\sqrt{1+\left(\frac{\mathrm{d}y}{\mathrm{d}x}\right)^2}\mathrm{d}x$ 代入式(5-8)后，可得

$$\frac{\mathrm{d}^2y}{\mathrm{d}x^2}=\frac{w}{H_0}\sqrt{1+\left(\frac{\mathrm{d}y}{\mathrm{d}x}\right)^2} \tag{5-9}$$

对式(5-9)进行积分：

$$\sinh^{-1}\frac{\mathrm{d}y}{\mathrm{d}x}=\frac{w}{H_0}x+c_1 \tag{5-10}$$

引入触地点处边界条件$x_{\mathrm{TDP}}=0$、$\theta_0=j$，可得$c_1=\sinh^{-1}(\tan\varphi)$。

对式(5-10)进行积分，得

$$y=\frac{H_0}{w}\cosh\left(\frac{w}{H_0}+c_1\right)+c_2 \tag{5-11}$$

在模型中，以立管触地点为原点，即$x_{\mathrm{TDP}}=0$时，$y=0$，则

$$c_2=-\frac{H_0}{w}\cosh c_1 \tag{5-12}$$

由此得到钢悬链线立管构型曲线。但式(5-12)中H_0仍为未知数，且立管顶端点与触地点距离与两点间弧长未确定。将立管顶端点与水平方向夹角ξ代入式(5-10)，可以得到立管顶端点横坐标

$$x_{\mathrm{TOP}}=\frac{H_0}{w}\left[\sinh^{-1}(\tan\xi)-c_1\right] \tag{5-13}$$

已知顶端点纵坐标为L，根据式(5-11)可以计算出：

$$H_0=\frac{Lw}{\cosh\left[\sinh^{-1}(\tan\xi)\right]-\cosh c_1} \tag{5-14}$$

根据立管弧长计算公式，可以得出弧长与立管横坐标的关系为

$$s(x)=\frac{H_0}{w}\sinh\left(\frac{w}{H_0}x+c_1\right)+c_3 \tag{5-15}$$

在触地点处立管弧长为 0，则$c_3=-\frac{H_0}{w}\sinh c_1$。由此可计算出立管总弧长$s_{\mathrm{total}}$。

根据$\tan\theta=\frac{\mathrm{d}y}{\mathrm{d}x}$与式(5-8)，可以得出立管各点曲率$c$与弧长的关系为

$$\chi(s)=\frac{\mathrm{d}\theta}{\mathrm{d}s}=\frac{\frac{w}{H_0}}{1+\left(\frac{w}{H_0}s\right)^2} \tag{5-16}$$

对θ求三阶导可得

$$\frac{\mathrm{d}^3\theta}{\mathrm{d}s^3}=\frac{6\left(\frac{w}{H_0}\right)^5 s^2-2\left(\frac{w}{H_0}\right)^3}{\left[1+\left(\frac{w}{H_0}s\right)^2\right]^3} \tag{5-17}$$

将式(5-16)与式(5-17)代入式(5-4)可得到立管轴向拉力与立管弧长的关系式。尽管悬链线方程中忽略立管刚度，但其弯矩可根据曲率近似求解，即

$$M(s)=EI\chi(s) \tag{5-18}$$

选用第 2 章钢悬链立管参数代入式(5-18)进行计算后，将得到的立管构型、轴向拉力、弯矩分别与数值计算结果进行对比，如图 5-2 所示。由于数值分析与理论计算选取坐标系及立管方向不同，故将数值分析得到的立管构型进行镜像，并移动立管，使其顶端与(x_{TOP}，L)点重合。由图可见，理论分析与数值计算所得立管构型吻合，表明理论分析结果的准确

性。理论计算立管有效拉力略低于数值计算结果,但顶端拉力差别仅为 1.6%。图 5-2(c)中悬垂段立管弯矩曲线接近,但在立管悬垂段底部区域,理论计算所得弯矩略高于数值分析结果,且由于曲率在触地点不连续,导致弯矩由峰值点突然降低至 0。

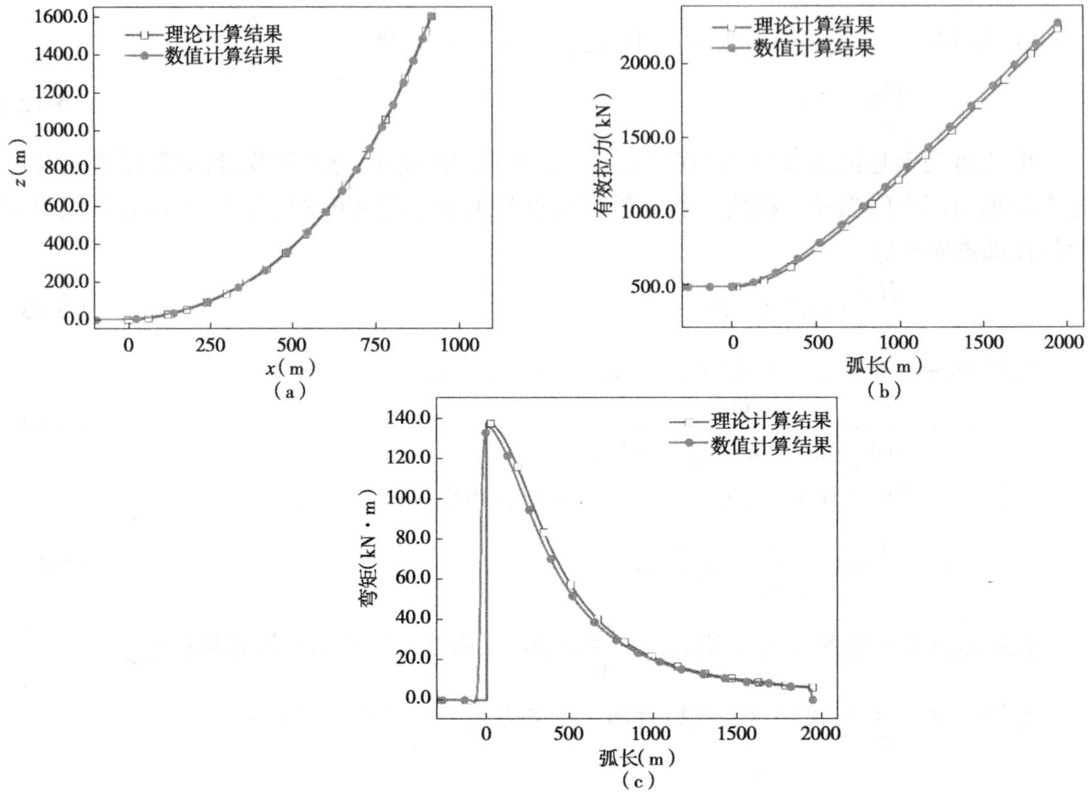

图 5-2 理论与数值计算结果对比

(a)静态构型 (b)有效拉力 (c)弯矩

忽略结构动力响应,计算立管顶端竖向位置变化后的立管内力,分析海床坡度与竖向位移对立管应力波动的影响。在加载过程中,保持模型坐标系不变,考虑立管顶端点横坐标 x_{TOP} 及倾斜角 ξ 保持恒定,顶端竖向位移为 ΔL,立管新触地点横坐标为 x_{TDP}。根据式(5-13),可以计算出新触地点处轴向拉力与剪力的水平向合力

$$H_0' = \frac{x_{\mathrm{TOP}} w - x_{\mathrm{TDP}} w}{\sinh^{-1}(\tan\xi) - \sinh^{-1}(\tan\varphi)} \tag{5-19}$$

根据式(5-10)与式(5-11)可得到立管构型变化后的参数 c_1' 与 c_2' 如下:

$$c_1' = \sinh^{-1}(\tan\varphi) - \frac{w}{H_0'} x_{\mathrm{TDP}} \tag{5-20}$$

$$c_2' = (L + \Delta L) - \frac{H_0'}{w}\cosh\left(\frac{w}{H_0'} x_{\mathrm{TOP}} + c_1'\right) \tag{5-21}$$

以上公式中,新触地点横坐标 x_{TDP} 为未知量,可以以纵坐标函数及与过坐标原点的海床相交为条件,进行迭代求解,即

$$\frac{H_0'}{w}\cosh\left(\frac{w}{H_0'}x_{\mathrm{TDP}}+c_1'\right)+c_2'=\tan\varphi x_{\mathrm{TDP}} \tag{5-22}$$

根据 $s(x_{\mathrm{TDP}})=0$，可以计算参数 c_3' 及立管悬垂段总弧长 s_{total}，计算公式如下：

$$c_3'=-\frac{H_0'}{w}\sinh\left(\frac{w}{H_0'}x_{\mathrm{TDP}}+c_1'\right) \tag{5-23}$$

立管顶端运动过程中，立管曲率、轴向拉力与弯矩仍可根据式(5-4)、式(5-16)、式(5-17)、式(5-18)计算。

在不同海床坡度下，立管触地点移动距离 $D_{x_{\mathrm{TDP}}}$ 与顶端竖向位移幅值 $\pm\Delta L$ 的关系如图 5-3 所示。由图可见，二者呈正比例关系，且曲线斜率与海床倾角相关。当海床坡度为正时，相同顶端激励下触地点移动距离长于平海床结果；反之，当海床坡度为负时，触地点移动距离缩短。在平海床工况下，立管顶端分别由初始位抬升与降低 4.0 m 后，得到的有效拉力与弯矩变化量的绝对值沿管长分布，如图 5-4 所示。在悬链段上半部分，立管有效拉力差值保持稳定；其后，差值随弧长减小而逐渐降低，并于触地点达到谷值。由图 5-4(b)可见，立管顶端位置改变对悬垂段上部立管弯矩分布影响极小，但由于触地点位置变化，悬垂段底端弯矩变化量等于立管顶端提升后的弯矩峰值。此外，由轴向拉力波动引起的立管应力变化低于 0.5 MPa，远小于弯矩波动影响，在应力幅值分析中可忽略不计。

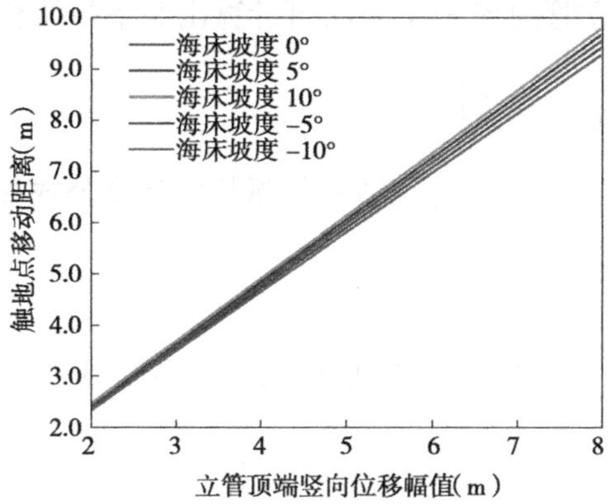

图 5-3　触地点移动距离与垂荡加载幅值关系

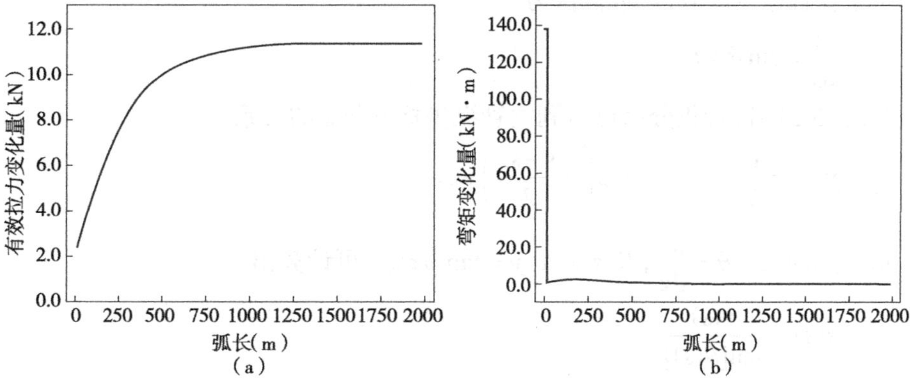

图 5-4　悬吊点竖向运动过程中立管内力变化

(a)有效拉力　(b)弯矩

5.1.2 基于边界层理论求解触地段区域立管变形与内力

根据上一节结果可以看出,忽略立管刚度可导致触地段区域弯矩与曲率在触地点处不连续,由峰值点骤降至0,进而影响立管应力波动结果的准确性。为解决以上问题,可利用边界层理论,在触地段考虑立管刚度,对计算结果进行修正。仍以悬链线模型中的立管触地点为原点,并认为 $x=0$ 点处立管弧长为0。通过保留式(5-8)中第1项,引入立管刚度影响。根据原位观测可知,沟槽深度最大为 $5.0D_{out}$,而其长度可达几十米甚至上百米,因此触地点位置处海床倾斜角度 φ 接近于0。同时,在钢悬链立管悬垂段底部,其倾斜角度 θ 逐渐接近海床倾角 φ。因此,可近似认为 $\tan\theta=\theta$。在悬链线模型的弧长系统内,由边界层理论修正得到的触地点(简称新触地点)处立管弧长值为 s_f。定义触地段区域边界层长度参数 $\lambda=\sqrt{EI/H_0}$,式(5-8)可表达为

$$\lambda^2\frac{\mathrm{d}^2\theta}{\mathrm{d}s^2}-\theta=-\frac{w}{H_0}(s-s_f) \tag{5-24}$$

对式(5-24)左右两端求导,同时将 $\chi(s)=\dfrac{\mathrm{d}\theta}{\mathrm{d}s}$ 代入,可得

$$\lambda^2\frac{\mathrm{d}^2\chi}{\mathrm{d}s^2}-\frac{\chi}{\lambda^2}=-\frac{1}{\lambda^2}\frac{w}{H_0} \tag{5-25}$$

在新触地点 $s=s_f$ 处,立管曲率 $\chi(s_f)=0$,可计算出曲率与弧长的关系式如下:

$$\chi(s)=\chi_0\left[1-\exp\left(-\frac{s-s_f}{\lambda}\right)\right] \tag{5-26}$$

式中,$\chi_0=w/H_0$。对式进行积分,可得到转角与弧长的计算公式如下:

$$\theta(s)=\chi_0\left[s+\lambda\exp\left(-\frac{s-s_f}{\lambda}\right)\right]+c_4 \tag{5-27}$$

在触地点位置处,立管与海床倾角相同,因此 s_f 可表示为

$$s_f=\frac{\varphi-c_4}{\chi_0}-\lambda \tag{5-28}$$

如果 $s_f\geqslant 0$,则考虑立管刚度后悬链段长度增加,反之悬垂段长度减小。

在立管触地段区域,可近似认为

$$\frac{\mathrm{d}y}{\mathrm{d}s}=\sin\theta\approx\theta \tag{5-29}$$

对式(5-27)进行积分后可得到立管纵坐标 y 与 s 的关系为

$$y(s)=\frac{1}{2}\chi_0 s^2-\lambda^2\exp\left(-\frac{s-s_f}{\lambda}\right)+c_5 \tag{5-30}$$

此外,根据 $\tan\theta=\dfrac{\mathrm{d}y}{\mathrm{d}x}$,及 $s=s_f$ 处 $y=\tan\varphi x_{TDP}$,可计算出

$$x(s)=\frac{y(s)}{\tan[\theta(s)]} \tag{5-31}$$

由此可以发现,x_{TDP} 与参数 c_5 相关,同时参数 c_4 未知,仍需引入边界条件确定三参数

值。为保证结果的连续性，根据边界层理论计算的立管曲率、倾角及构型曲线，应分别与按照悬链线理论计算的对应曲线在同一点处相交。设交点弧长为 s_j，则由曲率、倾角相等可得

$$\chi_0\left[1-\exp\left(-\frac{s_j-s_f}{\lambda}\right)\right]=\frac{\chi_0}{1+(\chi_0 s_j)^2} \tag{5-32}$$

$$\chi_0\left[s+\lambda\exp\left(-\frac{s_j-s_f}{\lambda}\right)\right]+c_4=\tan^{-1}(\chi_0 s_j) \tag{5-33}$$

令 $B=\chi_0 s_j$，则

$$c_4=\chi_0\lambda+B-\frac{\chi_0\lambda}{1+B^2}-\tan^{-1}B \tag{5-34}$$

将其代入式(5-32)，可迭代计算出 s_j，进而得到 c_4。在 $s=s_j$ 处，式(5-11)、式(5-15)与式(5-30)、式(5-31)计算结果应相等，可确定 x_{TDP} 与 c_5 取值，并计算触地段上方考虑刚度后的立管构型。

在立管置于平海床之上，且顶端竖向位移幅值为 ±4.0 m 的工况下，得到的立管弯矩及其差值沿管长分布如图 5-5 所示。引入边界层理论后，立管弯矩峰值点向上移动，其后随弧长增加而迅速降低，在触地点弯矩为 0。弯矩差值与图 5-4(b)相比亦有明显下降，计算结果更为准确。对海床坡度及立管顶端竖向位移幅值进行组合，计算所得立管应力幅值列于表 5-1 中。在不同海床坡度下，增大立管垂荡位移均显著提高立管应力幅值。在不同垂荡位移下，海床坡度变化引起的应力变化幅值变化量相近，均小于应力幅值的 1%，但幅值变化趋势与海床坡度相关。保持垂荡位移不变，海床坡度为正，可使立管应力幅值高于平海床工况，且提高比例随坡度增加而逐渐增大；相反，当海床坡度为负时，立管应力幅值则低于平海床工况。以上研究仅在具有一定坡度的刚性平直海床条件下，开展钢悬链立管静力计算，立管在沟槽区域受力与实际存在较大差别，应力幅值难以用于计算立管疲劳损伤。因此，有必要深入开展数值分析，在理论研究的基础上，进一步明确沟槽及其参数对海床作用力及立管疲劳损伤的影响。

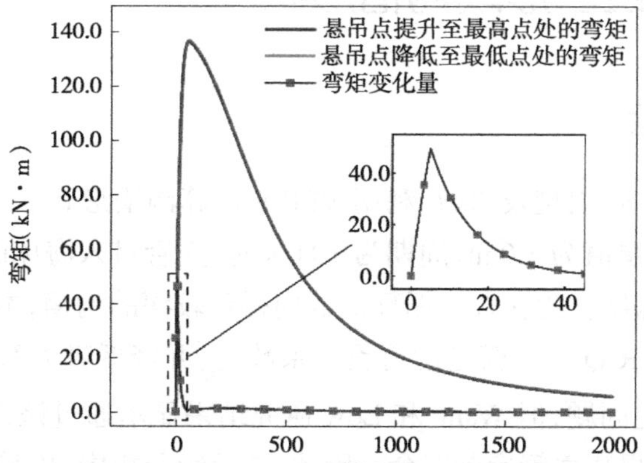

图 5-5　悬吊点运动幅值为 4.0 m 时立管的弯矩分布及其变化量

表 5-1 不同海床坡度与垂荡幅值组合下立管最大应力幅值

加载工况	海床坡度(°)	竖向位移幅值(m)	应力幅值(MPa)
1	0.0	2.0	26.33
2	0.0	4.0	43.17
3	0.0	6.0	53.93
4	1.5	2.0	26.44
5	1.5	4.0	43.30
6	1.5	6.0	54.01
7	3.0	2.0	26.52
8	3.0	4.0	43.41
9	3.0	6.0	54.13
10	4.5	2.0	26.59
11	4.5	4.0	43.52
12	4.5	6.0	54.21
13	−1.5	2.0	26.27
14	−1.5	4.0	43.06
15	−1.5	6.0	53.83
16	−3.0	2.0	26.16
17	−3.0	4.0	42.95
18	−3.0	6.0	53.69
19	−4.5	2.0	26.05
20	−4.5	4.0	42.81
21	−4.5	6.0	53.55

5.2 浮体运动组合形成沟槽形状

5.2.1 沟槽形成方法

本节沿用第 2 章立管模型及参数，利用 VFIFE 计算沟槽形状。在第 2 章立管动力计算中，当施加的垂荡位移幅值为 1.0 m、周期为 10.0 s 时，立管贯入海床的最大深度为 $0.62D_{out}$，远低于现场实测沟槽深度。为在较短循环次数内得到较深的沟槽，本章采用 Shiri 提出的方法，在动力计算中增大 R-Q 土体模型的再贯入系数 λ_{rep} 并降低吸力系数 f_{suc}。尽管 R-Q 非线性土体模型仍存在一定问题，但 Wang 和 Low 研究结果显示通过该方法得到的沟槽与 SCR 构型相容性高，有助于提高立管疲劳寿命。因此，在后续分析中，仍采用该方法进行计算，并取加载历程中，立管各点贯入海床最大深度的连线作为沟槽形状。

选取 $\lambda_{rep}=2.0$、$f_{suc}=0.05$，分别利用 VFIFE 与 OrcaFlex 对顶端 1.0 m 幅值、10.0 s 周期

垂荡作用下的 SCR 进行对比计算，得到变形后海床形状如图 5-6 所示。图中曲线形状一致，表明 VFIFE 计算结果可靠。

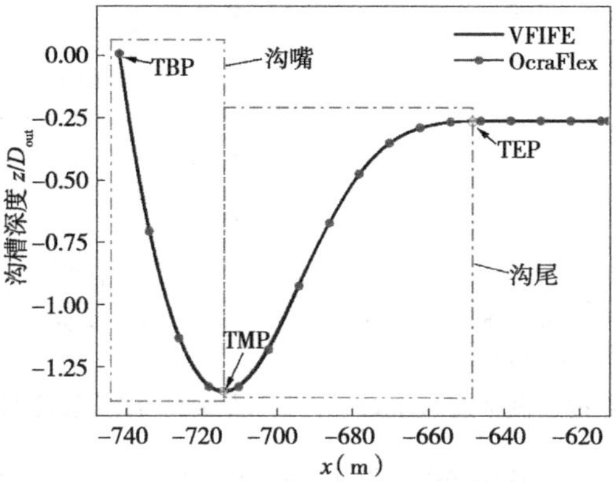

图 5-6　VFIFE 与 OrcaFlex 计算沟槽对比

5.2.2　浮体静态漂移与垂荡运动组合

浮式平台在系泊系统完好的情况下，最大容许静态漂移量为水深的 10%。当平台漂移至不同位置后，立管循环振动可使对应触地段区域海床变形不断增加，引起沟槽整体形状发生改变。若浮体沿 SCR 平面外方向漂移，则沟槽逐渐加宽；若在平面内沿纵向漂移，则沟槽长度有所增大、最深点位置可能发生转移。根据第 4 章与 Sancio 研究结果，横向管-土相互作用虽在沟槽形成阶段可引起立管竖向应力变化，但应力幅值较低，浮体平面外运动是影响 SCR 疲劳寿命的次要因素。因此，本章中仅考虑浮体平面内纵向位置变化影响。

准确判定浮体漂移至各点位的概率并确定在对应位置所受的环境荷载，具有较高难度。本节对 SCR 加载工况进行简化，将浮体漂移至不同位置后停留时间作为随机变量，但各停留阶段立管顶端施加垂荡循环荷载相同。此外，假定浮体漂移至各点位后形成的沟槽相互独立，浮体漂移顺序不再影响沟槽形状。分别计算浮体漂移至各点位、在对应加载时长下顶端垂荡运动形成的沟槽形状，并将所有沟槽下包络线相连，作为最终的沟槽形状。

尽管浮体容许漂移量较大，但研究发现立管触地点运动范围相对集中，沿纵向偏离初始位置 0.55% 水深的范围内出现的概率为 76%，而偏移 1.3% 水深时出现的概率可达 97%。此外，TDP 运动距离稍大于浮体纵向漂移距离，因此本节中假定浮体最大单侧静态漂移距离为 16.0 m（1% 水深），以 2.0 m 为间隔，共选取 19 个点位使浮体停留并发生循环垂荡运动，如图 5-7 所示。首先假定浮体在各点停留时间服从均匀分布，计算沟槽形状。在各点位处，对 SCR 顶端悬吊点施加幅值为 ±1.0 m、周期为 10.0 s 的竖向位移荷载。分别选取 λ_{rep} 为 2.0 与 3.0，模拟出深度不同的海床沟槽 S1 与 S2，如图 5-8 所示。由于浮体偏移后停留点位不连续，因此两沟槽底部形状存在一定波动，但可由直线近似拟合。对比两沟槽可以发现，改变 λ_{rep} 不影响 TMP 位置，但沟槽底部坡度随 λ_{rep} 增大而稍有降低，但沟槽首、尾坡度均显著提高。

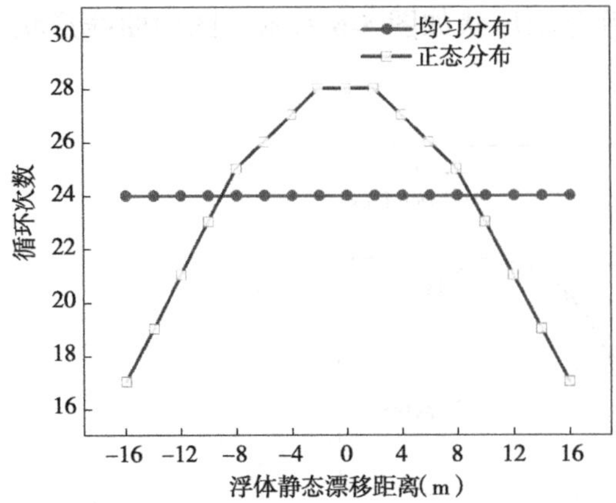

图 5-7 浮体漂移至各点位后循环加载次数

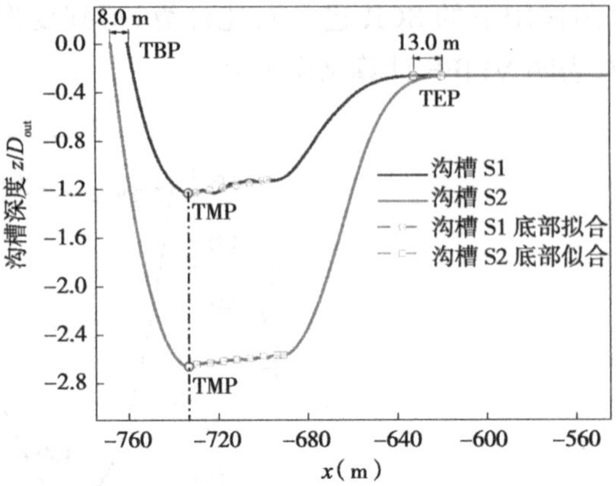

图 5-8 浮体静态漂移服从均匀分布形成的沟槽

在规范 DNV-RP-F204 中,考虑浮体静态漂移时,推荐选用正态分布来确定各浮体在不同区域的出现概率,其变异系数 COV 等于 1% 水深。本节将浮体静态漂移位置的分布转换为浮体漂移至各点位处停留的时间分布。以对应点位为中心、1.0 m 为半径,对规范中正态分布的概率密度函数进行积分,作为浮体在该点位持续时间的概率。将概率与分析总时间相乘,可得到立管在该位置处加载时长。选定总时长为 4 000.0 s,垂荡加载参数不变,各点位处立管顶端垂荡循环次数如图 5-7 所示。由此可计算得出在 λ_{rep} 等于 2.0 与 3.0 时沟槽 S3 与 S4 的形状,如图 5-9 所示。两沟槽底部同样存在一定波动,可用多项式函数曲线加以拟合。随 λ_{rep} 增大,除沟槽首、尾端坡度增加外, TMP 也向立管尾端移动。沟槽 S1~S4 对应的加载工况、土体参数及最大深度列于表 5-2。

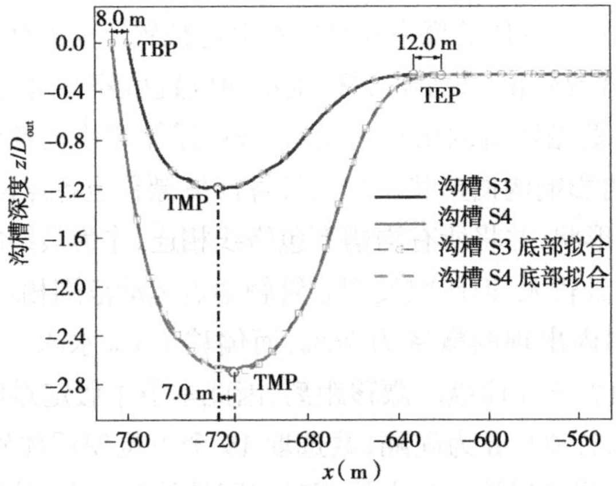

图 5-9 浮体静态漂移服从正态分布形成的沟槽

表 5-2　考虑浮体静态漂移的加载工况及沟槽最大深度

沟槽编号	概率分布	λ_{rep}	沟槽最大深度 z/D_{out}
S1	均匀分布	2.0	1.24
S2	均匀分布	3.0	2.67
S3	正态分布	2.0	1.19
S4	正态分布	3.0	2.70

5.2.3　浮体低频纵荡运动与垂荡运动组合

在顶端垂荡运动相同的条件下，考虑浮体发生低频纵荡运动，会使得沟槽长度增加，但深度降低。纵荡幅值及周期对沟槽形状的影响仍需进一步研究。如果以形成特定深度的沟槽为目标，一旦调整立管顶端加载参数，λ_{rep} 也需随之改变。经大量尝试，在立管顶端垂荡位移幅值为 ±1.0 m、周期为 10.0 s 的条件下，经过 1 000.0 s 的加载时长，形成特定深度沟槽对应的低频纵荡工况及 λ_{rep} 组合列于表 5-3 中。由于沟槽准确达到预定深度难度较大，因此选取 $0.05D_{out}$ 作为计算值与目标值的最大容许误差。此外，本节将浮体纵荡运动简化为简谐位移，虽与实际情况存在差别，但沟槽形状演变趋势可更直观地反映纵荡加载中各参数的影响。

表 5-3　考虑浮体低频纵荡运动的加载工况及沟槽最大深度

沟槽编号	纵荡幅值(m)	纵荡循环次数	λ_{rep}	沟槽最大深度 z/D_{out}
L1	8.0	1	3.36	4.99
L2	8.0	2	3.29	5.02
L3	8.0	5	3.22	4.99
L4	16.0	1	3.00	4.99
L5	16.0	2	2.95	4.98
L6	32.0	1	2.73	5.01
L7	16.0	1	2.14	3.01

图 5-10(a)对比了在立管顶端纵荡加载幅值相同、周期不同条件下，沟槽 L1~L3 的形状。三个沟槽在沟嘴区域基本吻合，但纵荡加载频率快、循环次数多可使沟尾区域立管埋深增大、沟尾坡度随加载周期降低而逐渐放缓。沟槽 TBP、TEP 位置不随纵荡加载周期变化，而 TMP 位置变化幅度小于 2.0 m，表明纵荡周期改变不影响沟槽位置及长度。对比沟槽 L4 与 L5 也可得出相近规律，如图 5-10(b)所示。但在加载工况不变，减小 λ_{rep} 以降低沟槽深度时，对比沟槽 L4 与 L7 可以发现沟槽长度随之显著缩短，但沟槽最深点位置基本不变。

通过对比沟槽 L1、L4 与 L6 可以看出，纵荡位移幅值对沟槽长度及位置影响显著，如图 5-10(c)所示。沟槽长度随纵荡幅值提高而增大，TBP 与 TMP 均向立管悬垂段方向移动。

与 TMP 相比，TBP 移动距离更远，且 TBP 位置变化量恰好等于对应工况纵荡幅值之差。当纵荡幅值小于 16.0 m 时，TEP 位置基本不变，但在幅值增大至 32.0 m 时，TEP 向立管尾端移动，使沟槽延长、沟尾坡度降低。

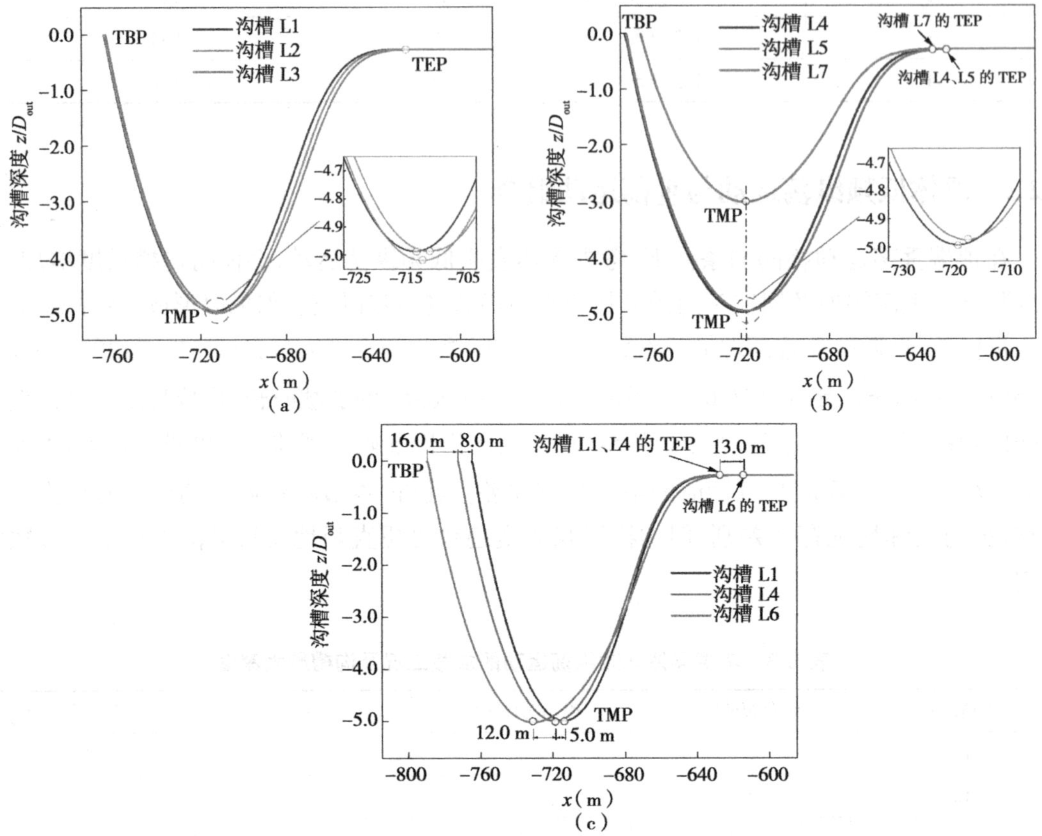

图 5-10 浮体发生低频纵荡与垂荡运动形成的沟槽

(a)沟槽 L1~L3 对比 (b)沟槽 L4、L5、L7 对比 (c)沟槽 L1、L4、L6 对比

5.2.4 垂荡幅值变化对沟槽形状的影响

根据上述研究可以发现，λ_{rep} 与垂荡加载幅值增大均可显著增加沟槽深度，因此两参数的不同组合可得到预期深度的沟槽，但仍有必要分析沟槽形状差别。首先针对仅由垂荡运动引起的沟槽进行分析，选取的加载参数 λ_{rep} 与得到的沟槽深度见表 5-4，垂荡循环次数为 50 次。模拟得到的 H1~H3 沟槽形状对比如图 5-11 所示。当选用更大的垂荡幅值时，TMP 位置未发生变化，但 TBP 与 TEP 分别向立管顶端与尾端移动，使沟槽长度增加，但沟槽首、尾坡度降低。与 H1 相比，保持加载幅值 1.0 m 不变，继续增大 λ_{rep} 得到的沟槽 H3 深度显著增加，TBP、TMP 与 TEP 的位置与 H2 沟槽重合。以上对比表明，改变垂荡加载幅值与 λ_{rep} 的组合可使沟槽形状变化显著，但其位置保持不变。

表 5-4　不同垂荡幅值与 λ_{rep} 组合下的加载工况及沟槽最大深度

沟槽编号	垂荡幅值(m)	λ_{rep}	沟槽最大深度 z/D_{out}
H1	1.0	3.0	2.97
H2	2.0	2.15	2.97
H3	1.0	5.88	5.02

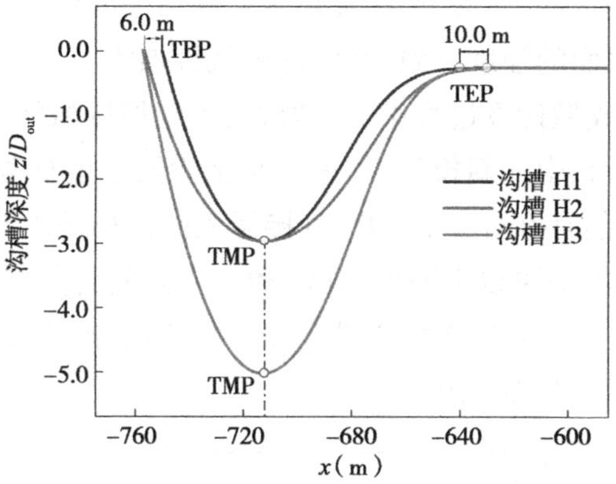

图 5-11　不同垂荡激励与 λ_{rep} 组合形成的沟槽

以 5.2.3 节中加载工况 L4 为基础，通过改变垂荡幅值为 2.0 m，λ_{rep} 为 2.47，可以得到具有相同深度的沟槽 L8，如图 5-12 所示。由图可见，增大垂荡位移幅值同样使得沟槽明显延长、坡度放缓，但由于同时施加纵向循环位移荷载，TMP 位置向沟尾端移动。此外，由图 5-11 和图 5-12 可以发现，增大垂荡位移幅值后，TBP 移动距离均小于 TEP 移动距离。

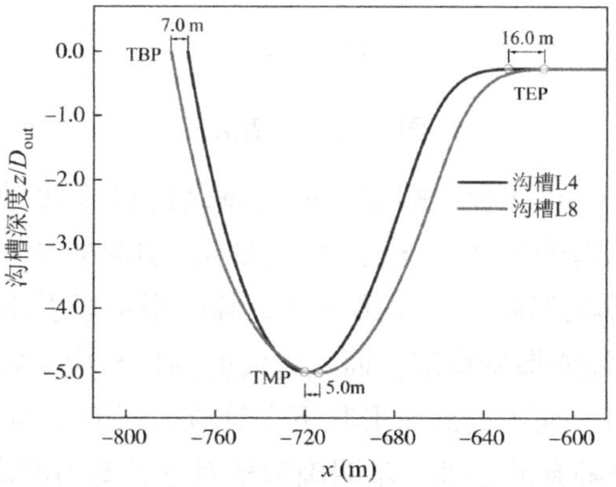

图 5-12　改变垂荡幅值后沟槽 L4 与 L8 对比

5.3　沟槽形状对 SCR 动力响应的影响

5.3.1　沟槽引入方法对比

在 Shiri 的研究中，立管疲劳分析沿用沟槽成型阶段计算得到的土体状态变量，仅将土

体再贯入系数 λ_{rep} 与吸力系数 f_{suc} 更改至推荐的数值范围内进行动力计算。本书将该方法称为“系数转换法”。在疲劳计算过程中,海床仍始终保持初始水平,通过沟槽形成阶段得到的最大贯入深度 z_{max},黏土开始提供吸力的最大深度 $z_{P=0}$ 等参数,修正竖向海床作用力,体现沟槽形状与深度影响。为在立管动态分析中直接引入沟槽形状,本章提出“插入法”,用沟槽替换对应区域的平直海床,作为初始边界条件引入新模型(即模型中 R-Q 土体状态变量均为初始值、各参数均在推荐值范围内),开展立管动态分析。沟槽区域土体表面不排水抗剪强度暂定与平海床表面的强度一致,并沿深度线性增大。

对于插入法,在沟槽成型计算过程中,触地段与流线段区域海床已在立管自重作用下发生变形。如直接将沟槽形状引入新模型,在静态平衡阶段会重复考虑立管自重,导致海床变形过大,后续计算结果可能存在偏差;此外,直接插入的沟槽尾端与流线段区域平海床存在高度差,难以平滑过渡。为解决以上问题,在沟槽插入前先将其整体抬升,使其尾端与平海床重合,如图 5-13 所示。但提升后沟嘴前端高于初始平海床,需将该部分移除,并将抬升后沟槽与平海床的第一交点作为新 TBP。

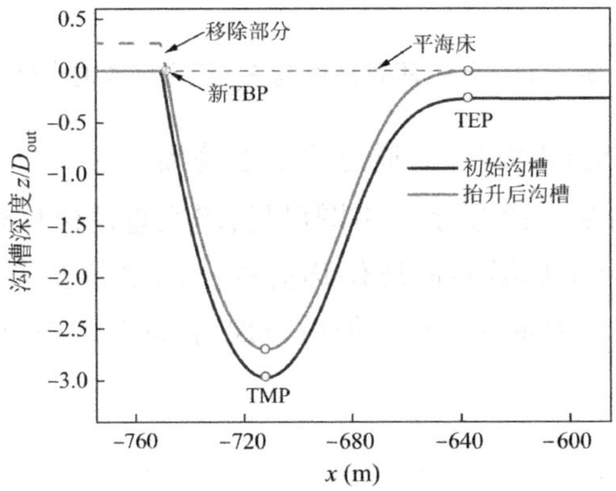

图 5-13 沟槽抬升

在后续动力计算中,仅对立管顶端施加循环垂荡位移荷载,其幅值为 ±1.0 m、周期为 10.0 s,用于定性分析海床沟槽形状、沟槽引入方法不同引起的计算结果差异,确定沟槽对海床作用力与立管疲劳损伤的影响。根据第 2 章计算结果可以看出,在立管顶端垂荡循环加载一定周期后,立管应力幅值保持稳定。而立管疲劳损伤与应力幅值直接相关,因此本章针对应力幅值变化进行分析。而不同海床形状下立管应力幅值差别主要由海床竖向作用力分布变化引起,研究管-土接触有助于进一步明确沟槽对立管动力响应的影响。

5.3.2 由垂荡运动形成的沟槽

引入 5.2.4 节中浮体仅发生垂荡运动形成的沟槽 H1 与 H2,进行 SCR 动力计算。首先利用系数转换法计算带预设沟槽立管的应力幅值,并将其与选用平海床的 SCR 结果进行对比,如图 5-14 所示。在立管悬垂段与流线段,各曲线基本重合,但在触地段区域发生明显差别。海床形状变化为局部边界条件改变,仅影响与边界相邻区域立管的受力。与置于平海床的 SCR 相比,通过系数转换法计算的立管最大应力幅值显著增大,沟槽引起立管疲劳损伤加剧。Dong 和 Shiri 的研究结果显示，土体 R-Q 模型具有一定局限性，如立管贯入海床深度较大，在其抬升过程中吸力增大并持续更长距离。本次模拟得到的土体竖向作用力包络线对比反映出相同的问题，如图 5-15 所示。此外，沟嘴区域海床对立管支撑力高于平海床，结果导致海床作用力幅值提高。尽管图 5-15（a）与（b）中海床竖向作用力存在一定差别，但采用沟槽 H1 与 H2 计算得到的立管最大应力幅值曲线重合，表明改变垂荡幅值引起的沟槽形状变化对立管疲劳损伤影响较小。

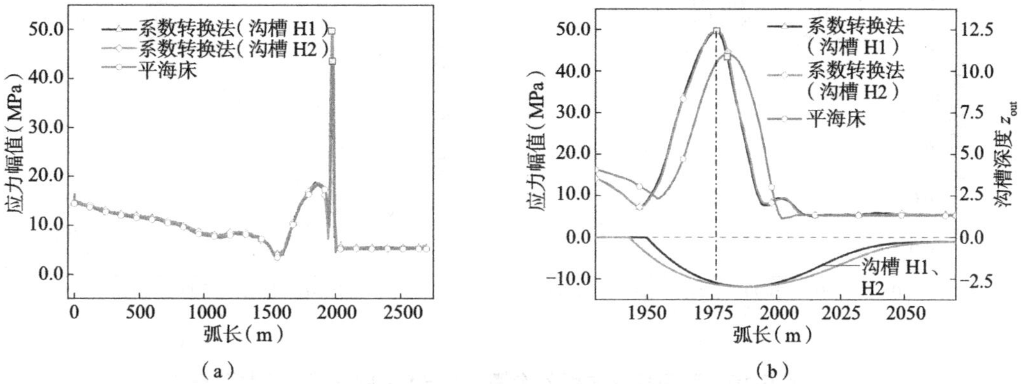

图 5-14　利用系数转换法引入沟槽 H1 与 H2 后立管应力幅值分布

（a）整体分布　（b）触地段区域分布

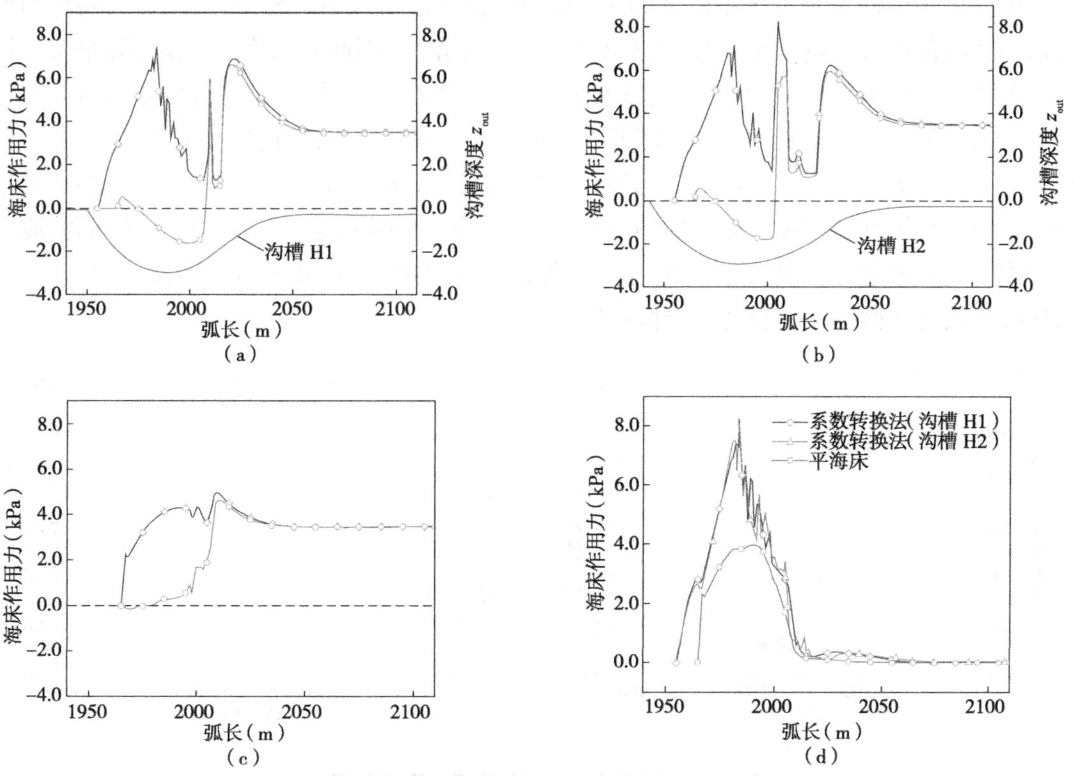

图 5-15　利用系数转换法引入沟槽后海床作用力

（a）引入沟槽 H1 后海床作用力包络线　（b）引入沟槽 H2 后海床作用力包络线

（c）平海床作用力包络线　（d）海床作用力幅值对比

与系数转换法相反，利用插入法引入沟槽可降低触地段区域立管应力幅值、减轻疲劳损伤，如图 5-16 所示。采用预设沟槽 H1 与 H2 后，SCR 最大应力幅值与采用平海床的结果相比，分别降低 34.2% 与 18.5%。平海床上触地段区域 SCR 应力幅值曲线仅有单个峰值点，而引入沟槽后峰值点变为两个，其中 H1 对应曲线两峰值基本相同，而 H2 曲线中第二峰值更高。

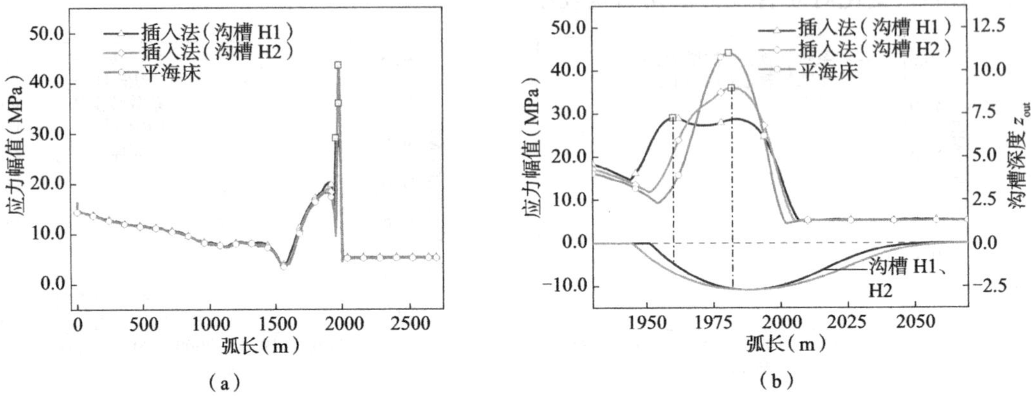

图 5-16　利用插入法引入沟槽 H1 与 H2 后立管应力幅值分布

(a)整体分布　(b)触地段区域分布

根据海床竖向作用力包络图 5-17 可见，通过插入法引入两沟槽后，均可使沟嘴与沟槽底部的竖向作用力上包络线降低，且土体吸力未明显增大，因此海床作用力幅值较平海床结果显著降低。与系数转换法不同，沟槽形状改变可使插入法计算得到的海床作用力分布与立管应力幅值发生明显变化。在沟槽形成过程中增大垂荡幅值，使沟槽长度增加，也会引起更大的立管应力幅值。对比图 5-14 至图 5-17 可以看出，利用系数转换法引入沟槽后，海床竖向作用力结果有误、SCR 疲劳损伤过高；而利用插入法引入沟槽可有效避免该问题，海床支撑力与应力幅值未出现突然变化或极端数值，表明沟槽与 SCR 贴合。因此，后续计算均采用插入法将沟槽引入立管动态分析模型。

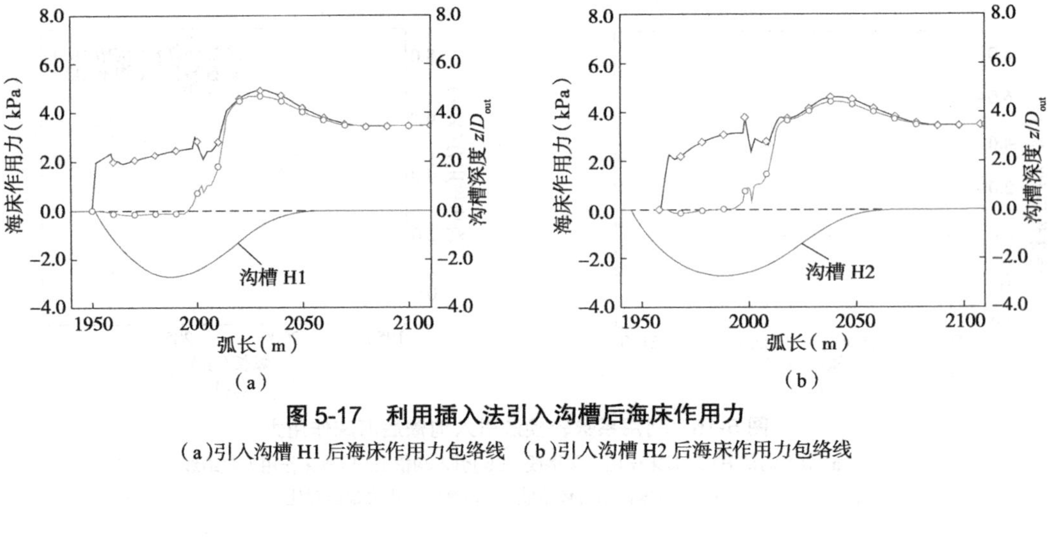

图 5-17　利用插入法引入沟槽后海床作用力

(a)引入沟槽 H1 后海床作用力包络线　(b)引入沟槽 H2 后海床作用力包络线

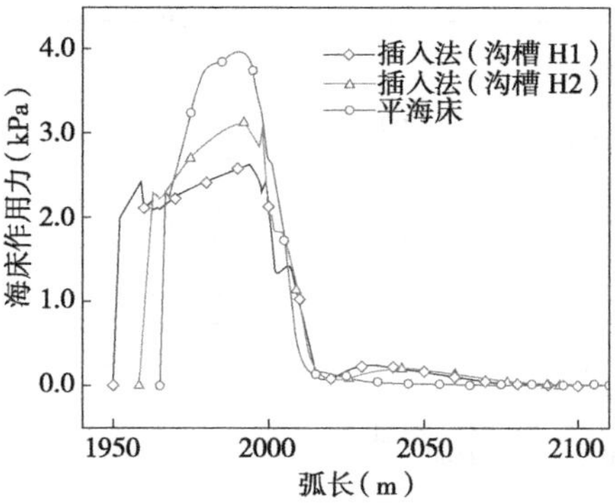

(c)

图 5-17　利用插入法引入沟槽后海床作用力(续)

(c)海床作用力幅值对比

5.3.3　由浮体静态漂移与垂荡组合形成的沟槽

将 5.3.2 节中浮体静态漂移与垂荡运动组合形成的沟槽 S1 与 S3 引入新模型,进行 SCR 动态分析,得到的应力幅值曲线如图 5-18 所示。图中,各曲线差别较小,引入沟槽后 SCR 最大应力幅值相比平海床 SCR 仅降低 3%。相较沟槽 H1 与 H2,浮体发生静态漂移后所形成的沟槽底部坡度更为平缓,因此立管应力与采用平海床的计算结果更为接近,沟槽对立管疲劳损伤的影响不明显。

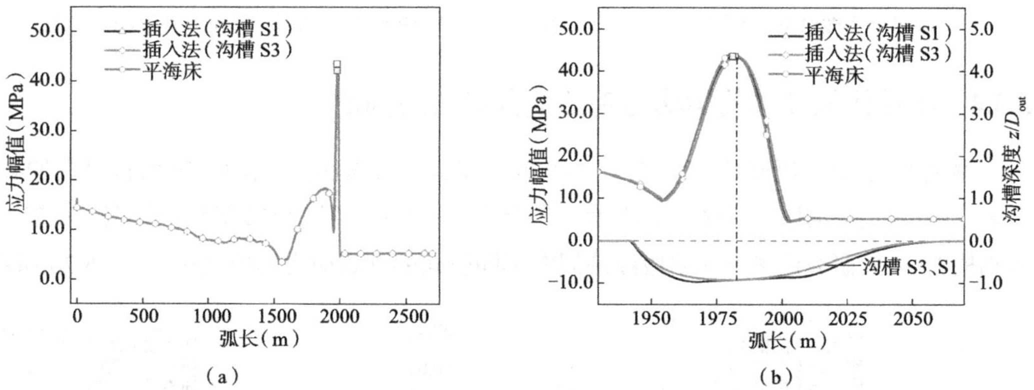

图 5-18　利用插入法引入沟槽 S1 与 S3 后立管应力幅值分布

(a)整体分布　(b)触地段区域分布

由图 5-19 可以发现,尽管引入沟槽 S1 与 S3 后使海床对立管竖向作用力包络曲线分布发生改变,但作用力幅值分布曲线变化趋势相同,沟槽 S1 与平海床对应曲线的峰值相同、S3 对应曲线峰值稍低。结合上一节与本节计算结果可以发现,当沟槽形状改变时, SCR 最大应力幅值与海床竖向作用力幅值变化趋势相同,且二者峰值点同向移动。相比之下,海床竖向作用力包络线形状变化对立管应力幅值影响较小。

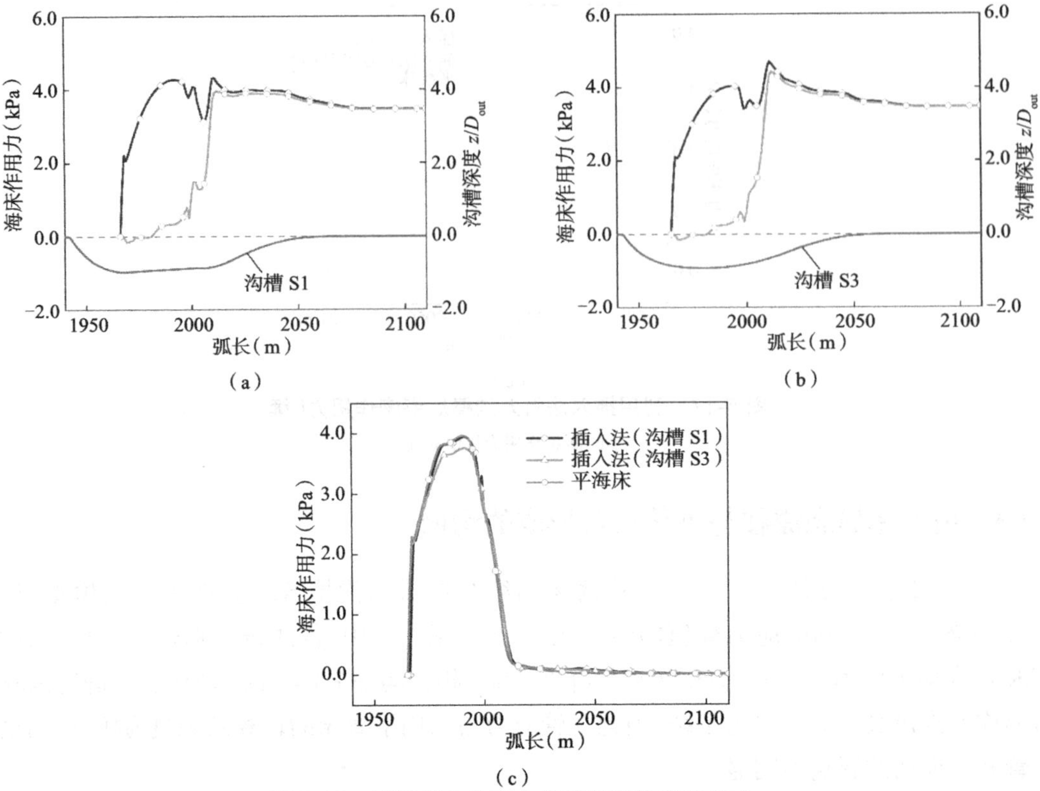

图 5-19 利用插入法引入沟槽后的海床作用力

(a)引入沟槽 S1 后海床作用力包络线 (b)引入沟槽 S3 后海床作用力包络线 (c)海床作用力幅值对比

5.3.4 由浮体低频纵荡运动与垂荡组合形成的沟槽

根据 5.3.3 节的研究结果可知,浮体低频纵荡运动可增加立管沟槽长度,且纵荡加载参数及 λ_{rep} 改变均使得沟槽形状存在差异,有必要分析各沟槽对立管受力及疲劳的影响。首先分别引入沟槽 L1~L3,研究沟槽形成阶段纵荡周期不同引起的立管应力幅值变化,如图 5-20 所示。

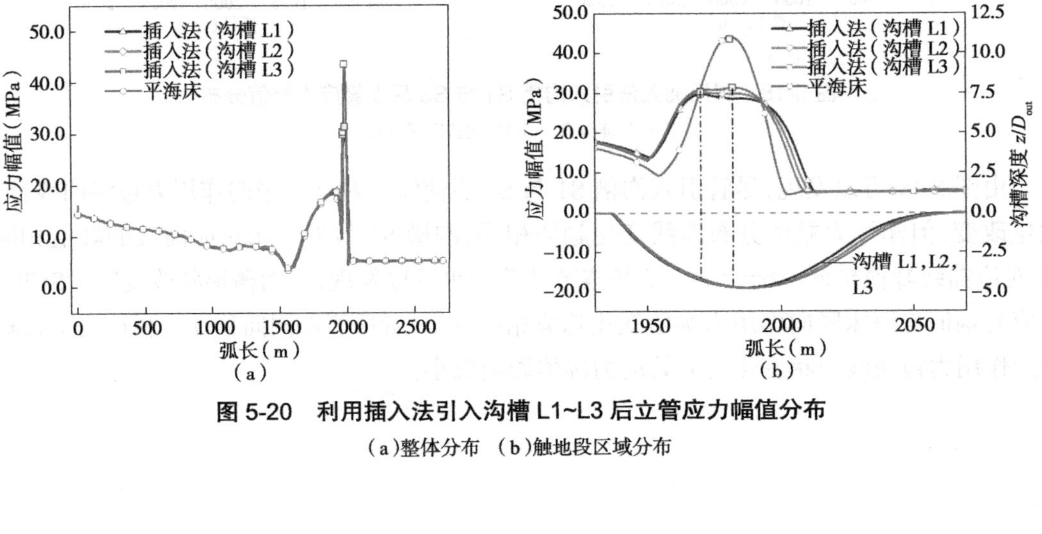

图 5-20 利用插入法引入沟槽 L1~L3 后立管应力幅值分布

(a)整体分布 (b)触地段区域分布

引入沟槽后，SCR 最大应力幅值与采用平海床的计算结果相比有所降低，而下降比例随沟槽尾端长度增加、坡度放缓而减小，最大应力幅值随沟尾坡度变化趋势与 5.2 节理论计算结果一致。此外，与平海床相比，插入沟槽 L1~L3 均可使处于具有较高应力波动的范围延长。引入沟槽后，海床对立管的竖向作用力幅值明显降低，如图 5-21 所示。图中各曲线峰值排序与应力幅值曲线相同。

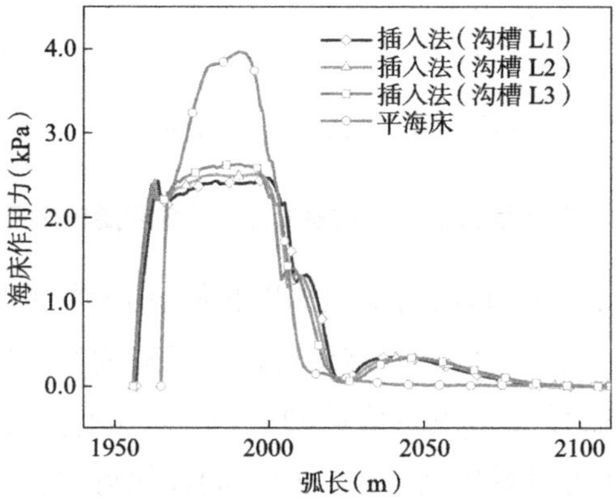

图 5-21　利用插入法引入沟槽 L1~L3 后海床作用力幅值

分别将沟槽 L1、L4、L6 引入数值模型进行计算，对比不同纵荡幅值形成的沟槽对立管应力幅值的影响，如图 5-22 所示。随纵荡加载幅值增大，沟槽长度显著增加、坡度降低，引起立管最大应力幅值提高，但引入各沟槽后立管应力幅值仍均低于采用平海床的计算结果，表明采用低频纵荡与垂荡运动组合形成的沟槽有助于提高 SCR 疲劳寿命。此外，引入更大纵荡加载幅值形成的沟槽，也使得应力幅值曲线峰值点向立管尾端移动：选用 8.0 m 纵荡幅值对应沟槽时，曲线峰值点位于沟槽最低点之前，而选用 16.0 m 与 32.0 m 纵荡幅值对应沟槽后，峰值点移动至沟槽最低点后方。引入不同沟槽后，海床竖向作用力幅值差别明显，L1 与 L4 对应曲线在立管接触沟槽、海床作用力幅陡增后，出现较长的缓慢增长平台期，而 L6 与平海床对应曲线陡增阶段持续距离更长、平台期缩短，如图 5-23 所示。

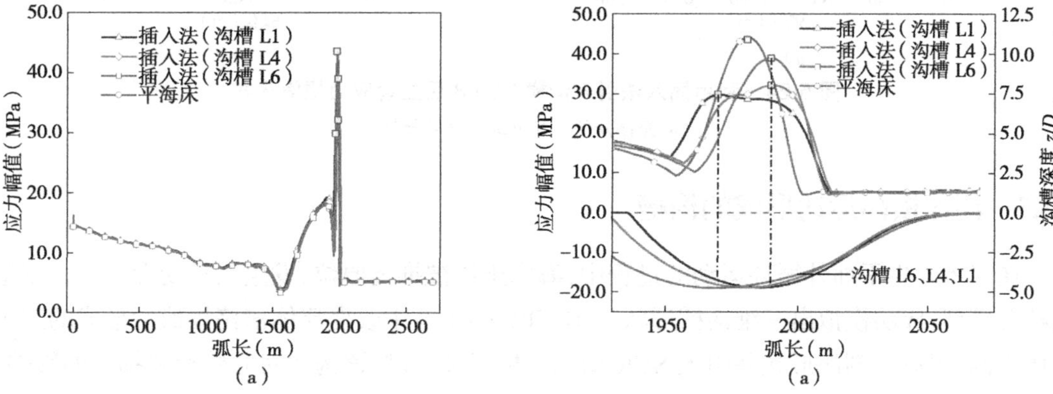

图 5-22　利用插入法引入沟槽 L1、L4、L6 后立管应力幅值分布

（a）整体分布　（b）触地段区域分布

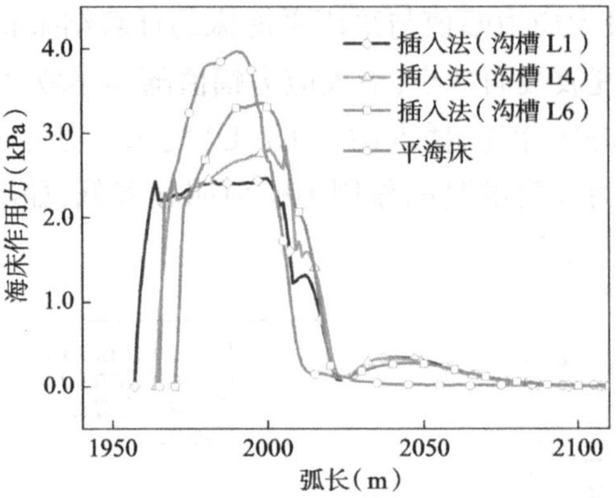

图 5-23 利用插入法引入沟槽 L1、L4、L6 后海床作用力幅值

采用不同垂荡幅值与λ_{rep}的组合,可形成深度相同、但形状差异明显的沟槽。5.4.2 节对比研究表明,相比于沟槽 H1,引入提高垂荡位移幅值后形成的沟槽 H2,使得 SCR 应力幅值增大、疲劳损伤加重。而在考虑低频纵荡运动后,垂荡与λ_{rep}组合影响需重新评估。根据 SCR 应力幅值对比图 5-24 可以看出,引入沟槽 L8 同样使得立管最大应力幅值高于引入 L4 对应的曲线峰值,表明无论是否考虑纵荡运动,降低垂荡位移幅值产生的沟槽均对 SCR 疲劳寿命更有利。在图 5-25 中,海床对立管竖向作用力幅值对比可以得出相似结果,进一步验证作用力幅值与立管应力幅值的相关性。

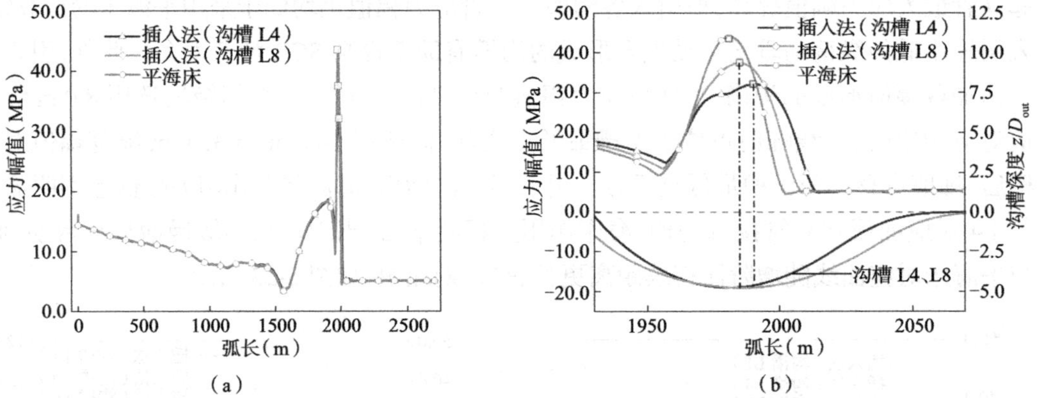

图 5-24 利用插入法引入沟槽 L4、L8 后立管应力幅值分布

(a)整体分布 (b)触地段区域分布

5.3.5 浮体横荡运动形成的沟槽

在浮体发生平面外循环运动的过程中,海床土体被推离原位,发生明显变形。第 3 章基于耦合模型,成功模拟出三维沟槽形状。本节以 4.4.1 节中改变浮体横荡幅值后形成的三个沟槽为例,提取其剖面形状并引入 SCR 动态分析模型,分析该沟槽对立管疲劳损伤的影响。分别引入三个沟槽后,SCR 的应力幅值曲线对比如图 5-26 所示。各曲线同样仅在触地段区域存在差别,插入沟槽后 SCR 最大应力幅值有所降低。与平海床相比,选用 12.0 m、20.0 m

与 28.0 m 横荡幅值形成的沟槽,可使立管最大应力幅值分别降低 10.56%、9.44% 与 5.77%。在增大横荡幅值的过程中,沟槽长度与深度随之增加、沟嘴区域坡度增大,立管最大应力幅值有所上升,与 5.2 节理论计算所得结论一致。此外,引入以上沟槽后, SCR 应力幅值的峰值点向立管悬吊点移动,均位于沟嘴区域。但需注意,与 5.3 节沟槽相比,由浮体循环横荡运动形成的沟槽长度更短、TBP 向立管尾端移动,使得立管顶端循环垂荡运动过程中,触地点移动范围有部分位于沟槽左侧平海床区域,但未造成立管疲劳损伤加剧。

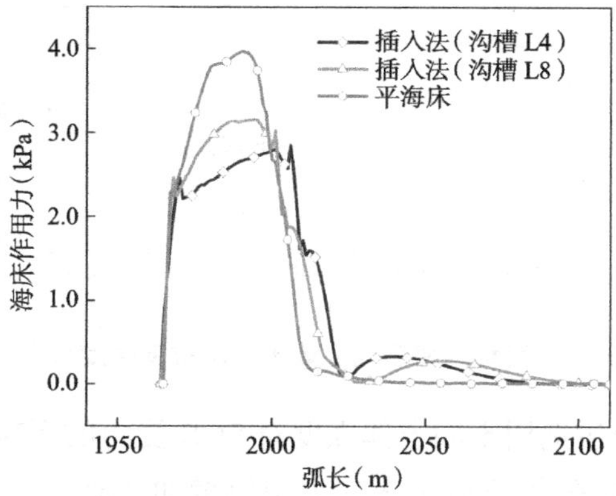

图 5-25　利用插入法引入沟槽 L4、L8 后海床作用力幅值

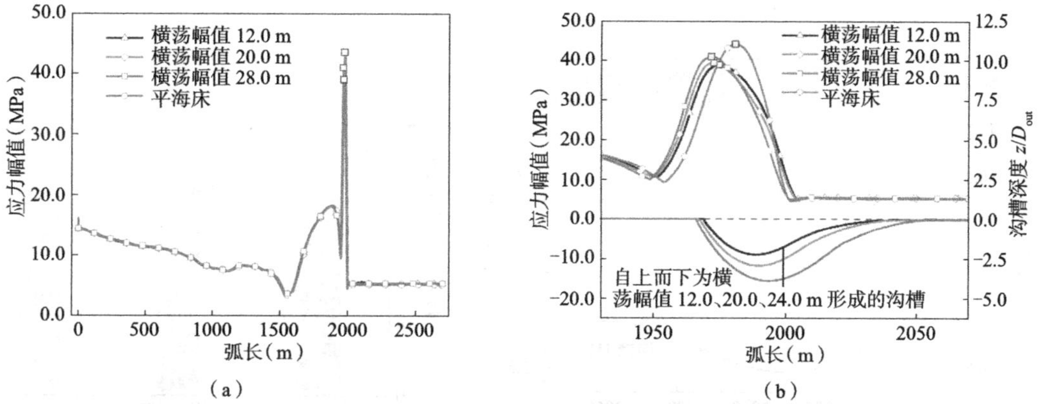

图 5-26　利用插入法引入由横荡运动形成的沟槽后立管应力幅值分布

5.4　参数化分析

5.4.1　沟槽表面土体抗剪强度

触地段立管循环振动使得海床土体受到扰动,抗剪强度降低。但立管长期服役过程中,黏土无法保持不排水状态,伴随超孔隙水压逐渐消散、黏土逐渐固结,土体强度有所提升。而土体强度不同也可改变海床对立管的竖向作用力,因此有必要就沟槽区域土体强度不同对立管疲劳损伤的影响加以分析。本节假定沟槽表面及下方土体固结后恢复初始强度，即在平海床下方对应位置处的土体强度（简称固结强度），将其与沟槽表面均采用平海床表面黏土强度（简称均一强度）进行对比，如图5-27所示。

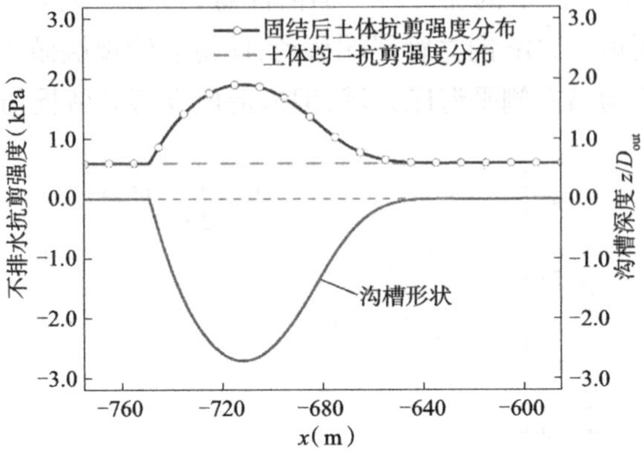

图5-27 两种沟槽表面土体不排水抗剪强度分布对比

首先引入沟槽H1，分析选用不同土体强度对SCR受力的影响，得到应力幅值对比如图5-28所示。当沟槽强度提高后，立管最大应力幅值增加8.6%，但仍低于采用平海床的计算值，表明引入垂荡形成的沟槽仍可提高立管疲劳寿命，但选用更高土体强度计算安全余量更高。

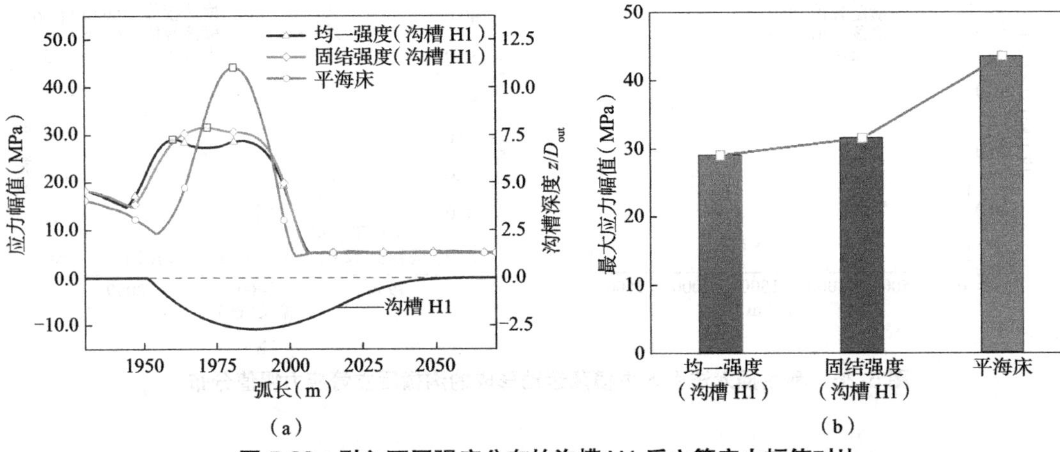

图5-28 引入不同强度分布的沟槽H1后立管应力幅值对比

（a）触地段区域立管幅值分布 （b）最大应力幅值对比

与沟槽H1不同，增大沟槽S1与S3的土体强度可使立管应力幅值高于平海床结果，如图5-29所示。因此，在设计中如浮体存在明显静态漂移，应考虑引入黏土不排水强度较高的沟槽，计算立管疲劳损伤上限值，保证结构安全。

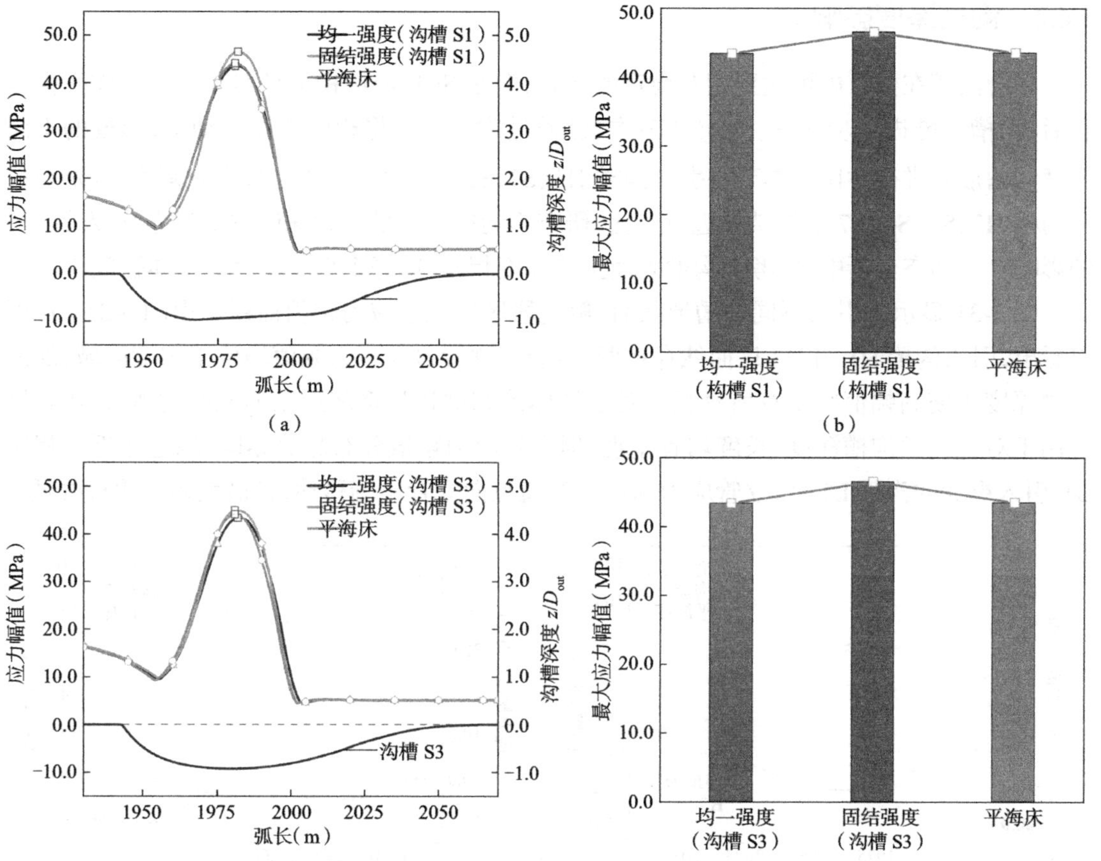

(a)　(b)

(c)　(d)

图 5-29　引入不同强度分布的沟槽后立管应力幅值对比

(a)引入沟槽 S1 后触地段区域立管幅值分布　(b)引入沟槽 S1 后最大应力幅值对比

(c)引入沟槽 S3 后触地段区域立管幅值分布　(d)引入沟槽 S3 后最大应力幅值对比

图 5-30 则在引入沟槽 L4 后,对比采用不同土体强度计算所得的 SCR 应力幅值。图中显示,与均一强度相比,沟槽采用固结强度使立管最大应力幅值提高 11.9%,但仍低于采用平海床的计算结果。

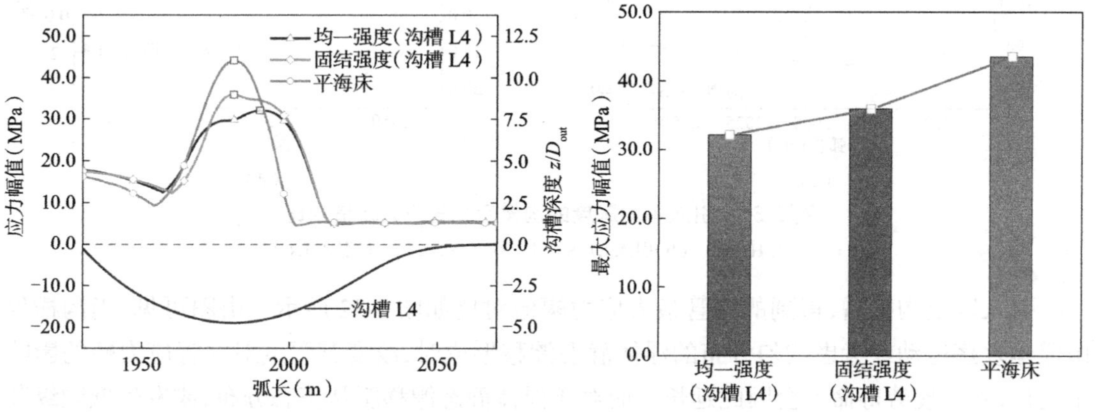

(a)　(b)

图 5-30　引入不同强度分布的沟槽 L4 后立管应力幅值对比

5.4.2 沟槽深度影响

尽管沟槽在数月内可达到相对稳定的形状，但在 SCR 经历极端环境荷载或浮体发生偏移后，沟槽可能进一步加深。在 5.3 节中，已通过改变 λ_{rep}，将相同浮体运动下，形成的不同深度沟槽形状进行对比。本节将引入沟槽 H1、S1、S3、L4 后得到的立管应力幅值，分别与引入沟槽 H3、S2、S4、L7 后的结果进行对比，研究不同形状沟槽最大深度改变对立管疲劳损伤的影响。在动态分析中，仅考虑沟槽表面土体强度相同，均等于平海床表面土体强度。

图 5-31 显示了引入不同沟槽形状后，触地段区域立管应力幅值曲线。由图 5-31（a）可以看出，引入沟槽 H1 与 H3 后曲线存在两峰值点，立管最大应力幅值均位于沟嘴区域，加深沟槽深度可使高幅值区域有所延长。对于浮体静态漂移与垂荡运动形成的沟槽 S1~S4，尽管用于对比的两沟槽深度、长度均有差别，但立管应力幅值分布趋势相同、峰值相近。相比 L4，引入更深的沟槽 L7 后，立管应力幅值的峰值点向立管尾端移动，且最大幅值明显降低。

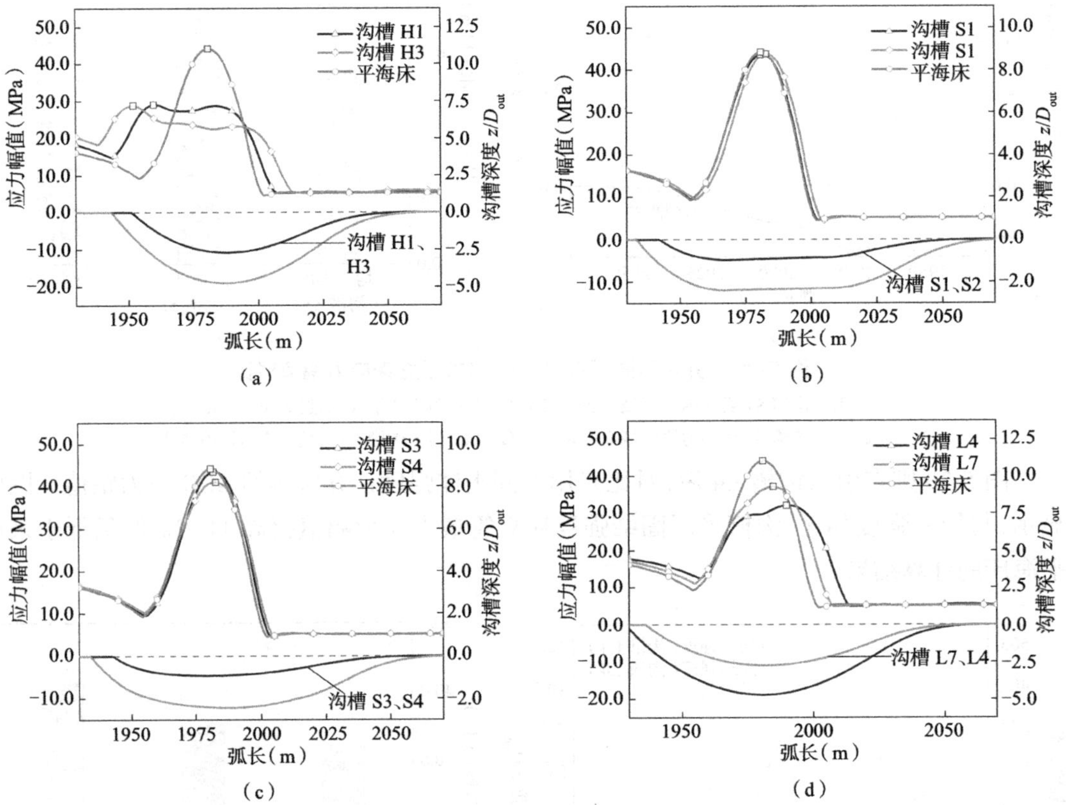

图 5-31 引入不同深度的沟槽后立管应力幅值对比

（a）引入 H1、H3 （b）引入 S1、S2 （c）引入 S3、S4 （d）引入 L4、L7

引入以上沟槽后，得到的立管最大应力幅值对比如图 5-32 所示。由图可见，当沟槽仅由浮体垂荡运动或考虑均匀分布的浮体静态漂移形成时，改变其深度对立管应力幅的影响不明显，立管疲劳寿命不会因此延长。而对于浮体静态漂移服从正态分布，或发生低频纵荡运动形成的沟槽，当其深度增加时，SCR 最大应力幅值与疲劳损伤有所降低。

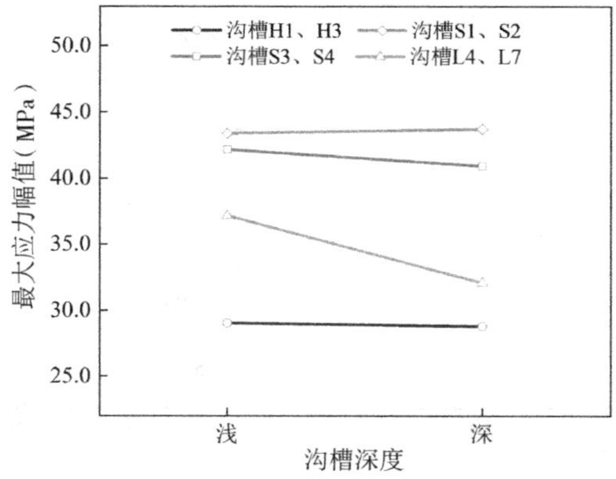

图 5-32　立管最大应力幅值与沟槽深度的关系

5.4.3　沟槽位置影响

当预设沟槽与立管构型存在位置偏差时,二者可能不相容,导致立管局部应力集中、立管疲劳损伤加剧。但由于立管服役期间,无法保证浮体位置保持不变,因此 SCR 与沟槽的相对位置变化难以避免。为便于对比,本节保持立管位置不变,移动预设沟槽位置,分析偏移方向及距离对立管应力幅值的影响。

选取沟槽 H1、S1、S3、L4 作为 5.3 节中各类沟槽的代表,将其沿立管平面内方向左右移动,各方向偏移距离选定为 10.0 m 与 20.0 m。除初始位置外,将各沟槽分别偏移至 4 个位置后再引入至新模型,开展立管动力计算,得到立管最大应力幅值与沟槽移动距离的关系,如图 5-33 所示。当沟槽向立管悬吊点方向移动时,认为移动距离为负值,反之为正值。

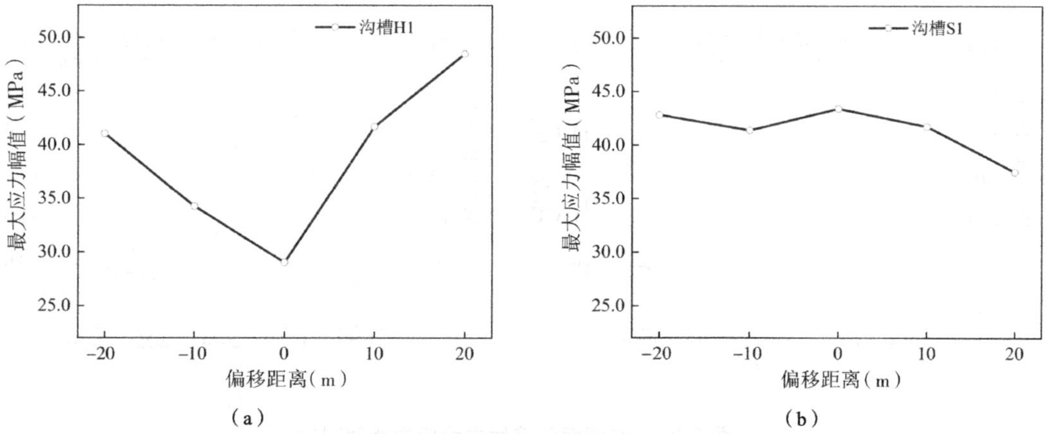

图 5-33　立管最大应力幅值与沟槽偏移距离的关系

(a)H1　(b)S1

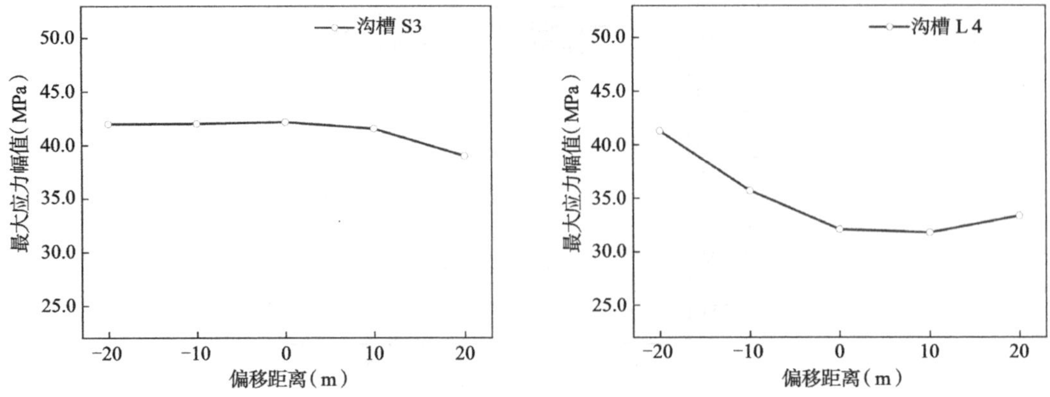

(c) (d)

图 5-33 立管最大应力幅值与沟槽偏移距离的关系(续)

(c)S3 (d)L4

由图可见,对于沟槽 H1, SCR 疲劳损伤受沟槽所在位置影响显著,当沟槽沿正向或负向偏离原位时,立管最大应力幅值均显著增大。与之相反,当沟槽 S1、S3 向立管悬吊点方向发生偏移时,立管最大应力幅值变化相对较小;而将沟槽 S1 与 S3 向立管尾端点移动 20.0 m 后,最大应力幅值明显下降。对于沟槽 L4,当其向立管悬吊点方向移动时,立管最大应力幅值随移动距离增加而快速增大,但当其反方向运动时,立管触地点仍位于沟嘴区域,立管最大应力幅值增速降低。

通过研究立管应力幅值分布与沟槽的相对位置关系可以看出,当沟槽 S1、S3 向右端移动后,最大应力幅值出现于沟嘴区域,如图 5-34 所示。图中曲线对比表明,SCR 触地点附近弧形海床沟槽有助于缓解立管疲劳损伤。

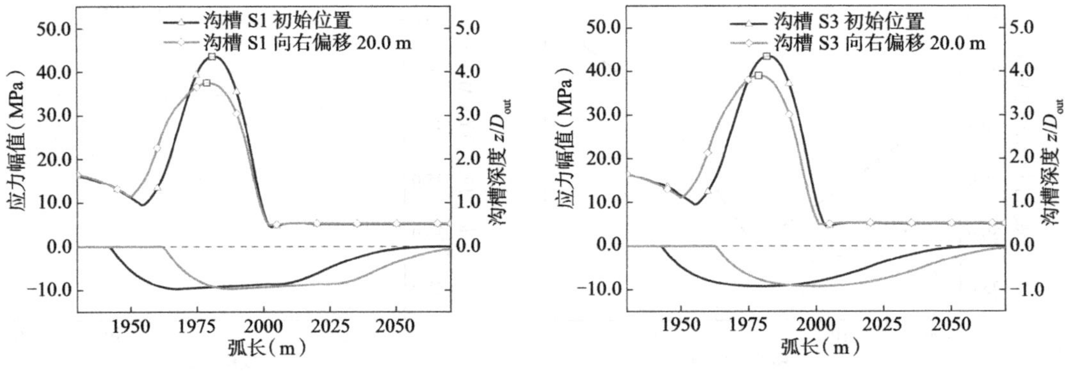

(a) (b)

图 5-34 沟槽偏移前后立管应力幅值对比

(a)沟槽 S1 (b)沟槽 S3

本章部分图例

说明:为了方便读者直观地查看彩色图例,此处节选了书中的部分内容进行展示。页面左侧的页码,为您标注了对应内容在书中出现的位置。

参 考 文 献

[1] 王国法，刘合，王丹丹，等. 新形势下我国能源高质量发展与能源安全 [J]. 中国科学院院刊，2023，38(1)：23-37.

[2] 闫姝雅，杨国涛，张淼. “双控”和“双碳”目标下中国省域能源消费指标分配 [J]. 统计与信息论坛，2023，38(5)：118-128.

[3] 李辉，庞博，朱法华，等. 碳减排背景下我国与世界主要能源消费国能源消费结构与模式对比 [J]. 环境科学，2022，43(11)：5294-5304.

[4] 黄晟，王静宇，郭沛，等. 碳中和目标下能源结构优化的近期策略与远期展望 [J]. 化工进展，2022，41(11)：5695-5708.

[5] 杨宇，于宏源，鲁刚，等. 世界能源百年变局与国家能源安全 [J]. 自然资源学报，2020，35(11)：2803-2820.

[6] 刘华军，石印，郭立祥，等. 新时代的中国能源革命：历程、成就与展望 [J]. 管理世界，2022，38(7)：6-24.

[7] 谢玉洪. 中国海洋石油总公司油气勘探新进展及展望 [J]. 中国石油勘探，2018，23(1)：26-35.

[8] 田野. “深海一号”傲然面世：中国海洋石油勘探开发进入“超深水时代” [J]. 中国石油企业，2021(6)：24-32.

[9] 王子雯，汪贵锋，易春燕. 南海油气资源勘探开发形势分析 [J]. 中国石油和化工标准与质量，2018，38(20)：131-132.

[10] LI J，PENG Y，SUN D，et al. Deep water oil & gas：new opportunities and suggestions for Chinese oil companies[J]. Iop Conference series：earth and environmental science，2020，446：22028.

[11] 王陆新，潘继平，杨丽丽. 全球深水油气勘探开发现状与前景展望 [J]. 石油科技论坛，2020，39(2)：31-37.

[12] JIN Y. The development and prospect of the offshore oil and gas industry[J]. Advances in resources research，2021，1(1)：1-12.

[13] 罗超，亢武臣，薛钊，等. 我国深海油气工程核心技术与装备国产化挑战及对策 [J]. 舰船科学技术，2022，44(23)：74-79.

[14] BAI Y，BAI Q. Subsea pipelines and risers[M]. Oxford：Elsevier science Ltd.，2005.

[15] 朱海山，李达. 陵水 17-2 气田“深海一号”能源站总体设计及关键技术研究 [J]. 中国海上油气，2021，33(3)：160-169.

[16] 贾旭，贾鲁生，黄俊，等. “深海一号”能源站钢悬链立管总体方案研究 [J]. 中国海上油

气,2021,33(5):165-174.

[17] DRUMOND G, PASQUALINO I, PINHEIRO B, et al. Pipelines, risers and umbilicals failures: a literature review[J]. Ocean engineering, 2018, 148: 412-425.

[18] 刘雅馨,钱基,熊利平,等. 我国深水油气开发所面临的机遇与挑战 [J]. 资源与产业, 2013,15(3):24-28.

[19] YUAN Y, ZHENG M, XUE H, et al. Fatigue analysis of a steel catenary riser at touchdown zone with seabed resistance and hydrodynamic forces[J]. Ocean engineering, 2022, 244: 110 446.

[20] BHAT S, DUTTA A, WU J, et al. Pragmatic solutions to touch-down zone fatigue challenges in steel catenary risers[C]// Offshore Technology Conference, Houston, TX, United states: 2004. 1347-1355.

[21] QUÉAU L M, KIMIAEI M, RANDOLPH M F. Analytical estimation of static stress range in oscillating steel catenary risers at touchdown areas and its application with dynamic amplification factors[J]. Ocean engineering, 2014, 88: 63-80.

[22] SHOGHI R, PESCE C P, SHIRI H. Influence of trench geometry on fatigue response of steel catenary risers by using a boundary layer solution on a sloped seabed[J]. Ocean engineering, 2021, 221: 108447.

[23] SHARMA P P, AUBENY C P. Advances in pipe-soil interaction methodology and application for SCR fatigue design[C]// Offshore Technology Conference, Houston, Texas, USA. 2011: 21179.

[24] HAWLADER B, FOUZDER A, DUTTA S. Numerical modeling of suction and trench formation at the touchdown zone of steel catenary riser[J]. International journal of geomechanics, 2016, 16(1):4015033.

[25] WANG L, LI K, YUAN F. Lateral cyclic interaction between catenary riser and soft seabed[J]. Applied ocean research, 2017, 63: 11-23.

[26] ZHANG Q, WU S. Three-dimensional study on touch down zone of steel catenary riser under cyclic loading in saturated seabed[J]. ocean engineering, 2019, 190: 106411.

[27] MANSOUR G. The impact of the second order vessel motion on the fatigue life of steel catenary risers[C]//23rd International Conference on Offshore Mechanics and Arctic Engineering, Vancouver, BC, Canada: American Society of Mechanical Engineers. 2004: 1177-1180.

[28] LI F Z, LOW Y M. Influence of low-frequency vessel motions on the fatigue response of steel catenary risers at the touchdown point[J]. Ships and offshore structures, 2014, 9(2): 134-148.

[29] ZARGAR E, KIMIAEI M, RANDOLPH M. A new hysteretic seabed model for riser-soil interaction[J]. Marine structures, 2019, 64: 360-378.

[30] RANDOLPH M，QUIGGIN P. Non-linear hysteretic seabed model for catenary pipeline contact[C]//Proceedings of the ASME 2009 28th International Conference on Ocean，Offshore and Arctic Engineering，Honolulu，HI，United states：American Society of Mechanical Engineers. 2009：145-154.

[31] ELOSTA H，HUANG S，INCECIK A. Trenching effects on structural safety assessment of integrated riser/semisubmersible in cohesive soil[J]. Engineering structures，2014，77：57-64.

[32] AL-JANABI H A，AUBENY C P，CHEN J. Cyclically loaded risers and pipelines in cohesive soil[J]. Ocean engineering，2021，241：110056.

[33] AL-JANABI H A，AUBENY C P，CHEN J，et al. Experimental measurement of monotonic and cyclic lateral resistance of risers and pipelines in gulf of mexico clays[J]. Canadian geotechnical journal，2020，57(10)：1534-1549.

[34] ELOSTA H，HUANG S，INCECIK A. Seabed interaction modeling effects on the global response of catenary pipeline：a case study[J]. Journal of offshore mechanics and arctic engineering，2014，136(3)：032001.

[35] SANCIO R B，CLUKEY E C，LEKKAKIS D，et al. Deepstar® study on effect of coupled horizontal and vertical interaction of steel catenary risers with the seabed within the touchdown region[C]//Offshore Technology Conference，Houston，TX，United states. 2017：112-126.

[36] BRIDGE C D，HOWELLS H A. Observations and modeling of steel catenary riser trenches[C]//Proceedings of the Sixteenth(2007) International Offshore and Polar Engineering Conference，Lisbon，Portugal：International Society of Offshore and Polar Engineers. 2007：803-813.

[37] AUBENY C P，BISCONTIN G. Interaction model for steel compliant riser on soft seabed[C]// SPE Projects，Facilities & Construction，Houston，Texas，U.S.A. 2008：1-6.

[38] SHIRI H. Influence of seabed trench formation on fatigue performance of steel catenary risers in touchdown zone[J]. Marine structures，2014，36：1-20.

[39] BRITO R，AGUIAR L，PRADO V. Technical feasibility study of steel catenary risers for pre-salt field developments[C]//Offshore Technology Conference，Rio de Janeiro，Brazil. 2017：482-498.

[40] WANG J，DUAN M，WANG Y，et al. A nonlinear mechanical model for deepwater steel lazy-wave riser transfer process during installation[J]. Applied ocean research，2015，50：217-226.

[41] 顾洪禄,李效民,郭海燕,等. 随机荷载下陡波形立管的非线性动力分析 [J]. 振动与冲击,2022,41(3):316-324.

[42] 余杨,吴凡蕾,余建星,等. 缓波形立管的复合构型响应分析 [J]. 天津大学学报(自然

科学与工程技术版),2022,55(1):90-100.

[43] CHENG Y, TANG L, FAN T. Dynamic analysis of deepwater steel lazy wave riser with internal flow and seabed interaction using a nonlinear finite element method[J]. Ocean engineering, 2020, 209: 107498.

[44] YUE B, CAMPBELL M, WALTERS D, et al. Improved SCR design for dynamic vessel applications[C]//Proceedings of the ASME 2010 29th International Conference on Ocean, Offshore and Arctic Engineering, Shanghai, China: American Society of Mechanical Engineers, 2010. 495-504.

[45] XIE W, LIANG Z, JIANG Z, et al. A study on the dynamic responses of a steel catenary riser transporting varying-density flow and subjected to regular waves[J]. Ocean engineering, 2022, 265: 112670.

[46] DA SILVEIRA L M Y, DE ARRUDA MARTINS C. A numerical method to solve the static problem of a catenary riser[C]//23rd International Conference on Offshore Mechanics and Arctic Engineering, Vancouver, BC, Canada: American Society of Mechanical Engineers. 2004: 693-702.

[47] ARANHA J, DE ARRUDA MARTINS C, PESCE C. Analytical approximation for the dynamic bending moment at the touchdown point of a catenary riser[J]. International journal of offshore and polar engineering, 1997, 7:4-11.

[48] PESCE C P, ARANHA J A P, MARTINS C A, et al. Dynamic curvature in catenary risers at the touch down point region: an experimental study and the analytical boundary-layer solution[J]. International journal of offshore and polar engineering, 1998, 8(4):109-129.

[49] PESCE C, ARANHA J A P, DE ARRUDA MARTINS C. Soil rigidity effect in the touchdown boundary-layer of a catenary riser: static problem[C]//The Eighth International Offshore and Polar Engineering Conference, Montreal, Canada. 1998: 207-213.

[50] SHIRI H, HASHEMI S. Simplified approximation of peak fatigue damage in touchdown area of steel catenary risers based on seabed soil rigidity[C]//The Twenty-second International Offshore and Polar Engineering Conference, Rhodes, Greece. 2012: 12-263.

[51] JAIN A K. Review of flexible risers and articulated storage systems[J]. Ocean engineering, 1994, 21(8): 733-750.

[52] CHATJIGEORGIOU I K. A finite differences formulation for the linear and nonlinear dynamics of 2 d catenary risers[J]. Ocean engineering, 2008, 35(7): 616-636.

[53] CHATJIGEORGIOU I K. Hydroelastic response of marine risers subjected to internal slug-flow[J]. Applied ocean research, 2017, 62: 1-17.

[54] KATIFEOGLOU S A, CHATJIGEORGIOU I K. Dynamic interaction of catenary risers with the seafloor[J]. Applied ocean research, 2012, 38: 1-15.

[55] CHATJIGEORGIOU I K. On the effect of internal flow on vibrating catenary risers in

three dimensions[J]. Engineering structures，2010，32(10)：3313-3329.

[56] CHATJIGEORGIOU I K. Three dimensional nonlinear dynamics of submerged，extensible catenary pipes conveying fluid and subjected to end-imposed excitations[J]. International journal of non-linear mechanics，2010，45(7)：667-680.

[57] CHENG Y，JI C，ZHAI G，et al. Nonlinear analysis for ship-generated waves interaction with mooring line/riser systems[J]. Marine structures，2018，59：1-24.

[58] ELOSTA H，HUANG S，INCECIK A. Dynamic response of steel catenary riser using a seabed interaction under random loads[J]. Ocean engineering，2013，69：34-43.

[59] JIA J，GU J，HUANG J，et al. Numerical simulation of loop formation in catenary risers on nonlinear uneven seabed[J]. Ocean engineering，2023，269：113 480.

[60] 贾纪川，顾继俊，黄俊，等. 海沟影响下深水海洋管线成环行为研究 [J]. 海洋工程，2023：1-15.

[61] OGBEIFUN A M，OTERKUS S，RACE J，et al. Vessel relocation strategy for multiple steel catenary riser fatigue damage mitigation[J]. Ocean engineering，2022，248：110493.

[62] OGBEIFUN A M，OTERKUS S，RACE J，et al. Vessel relocation solution for steel catenary riser touch down fatigue management[J]. Ocean engineering，2021，237：109632.

[63] 虞明星，齐金龙，康庄. 深水钢悬链立管 J 型铺设研究 [J]. 舰船科学技术，2016，38 (1)：117-121.

[64] MCNAMARA J F，O' BRIEN P J，GILROY S G. Nonlinear analysis of flexible risers using hybrid finite elements.[J]. Journal of offshore mechanics and arctic engineering，1988，110(3)：197-204.

[65] TRAPPER P A. Feasible numerical analysis of steel lazy-wave riser[J]. Ocean engineering，2020，195：106 643.

[66] TRAPPER P A. Feasible numerical method for analysis of offshore pipeline in installation[J]. Applied ocean research，2019，88：48-62.

[67] TRAPPER P A，MISHAL I. Numerical analysis of offshore pipe-lay subjected to environment-induced non-uniformly distributed follower loads[J]. Applied ocean research，2020，100：102149.

[68] TRAPPER P A. Static analysis of offshore pipe-lay on flat inelastic seabed[J]. Ocean engineering，2020，213：107673.

[69] GU J，HUANG J，XU X，et al. Parametric analysis for free standing riser by a new calculation procedure[J]. Ocean Engineering，2021，242：110144.

[70] ATHISAKUL C，KLAYCHAM K，CHUCHEEPSAKUL S. Critical top tension for static equilibrium configuration of a steel catenary riser[J]. China ocean engineering，2014，28 (6)：829-842.

[71] GAY NETO A. Dynamics of offshore risers using a geometrically-exact beam model with

hydrodynamic loads and contact with the seabed[J]. Engineering structures, 2016, 125: 438-454.

[72] NETO A G, MARTINS C A, PIMENTA P M. Static analysis of offshore risers with a geometrically-exact 3d beam model subjected to unilateral contact[J]. Computational mechanics, 2014, 53(1): 125-145.

[73] GAY NETO A, RIBEIRO MALTA E, DE MATTOS PIMENTA P. Catenary riser sliding and rolling on seabed during induced lateral movement[J]. Marine structures, 2015, 41: 223-243.

[74] CHAI Y T, VARYANI K S. An absolute coordinate formulation for three-dimensional flexible pipe analysis[J]. Ocean engineering, 2006, 33(1): 23-58.

[75] SUN L, ZHANG Y, MA G, et al. Nonlinear dynamic analysis of deepwater risers with the irregular seabed[C]//Proceedings of the ASME 2017 36th International Conference on Ocean, Offshore and Arctic Engineering, Trondheim, Norway: American Society of Mechanical Engineers. 2017: OMAE2017-OMAE62531.

[76] 黄维平,孟庆飞,白兴兰. 钢悬链式立管与海床相互作用模拟方法研究 [J]. 工程力学, 2013,30(2):14-18.

[77] 白兴兰,段梦兰,李强. 基于整体分析的钢悬链线立管触地点动力响应分析 [J]. 工程力学,2014,31(12):249-256.

[78] 林志远,白兴兰,尤岩岩,等. 非线性管土耦合作用下钢悬链式立管触地区敏感性分析 [J]. 海洋工程,2021,39(2):20-31.

[79] BAI X, HUANG W, VAZ M A, et al. Riser-soil interaction model effects on the dynamic behavior of a steel catenary riser[J]. Marine Structures, 2015, 41: 53-76.

[80] LIU Z, GUO H. Dynamic response study of steel catenary riser based on slender rod model[J]. China ocean engineering, 2019, 33(1): 57-64.

[81] ADAMIEC-WÓJCIK I, BRZOZOWSKA L, DRĄG A. An analysis of dynamics of risers during vessel motion by means of the rigid finite element method[J]. Ocean engineering, 2015, 106: 102-114.

[82] ANTONIO L M, PAVANELLO R, BARROS P L D A. Marine pipeline–seabed interaction modeling based on kerr-type foundation[J]. Applied ocean research, 2018, 80: 228-239.

[83] MELÉNDEZ VÁSQUEZ J A, JULCA AVILA J P. A parametric analysis of the influence of the internal slug flow on the dynamic response of flexible marine risers[J]. Ocean engineering, 2019, 174: 169-185.

[84] TING E C, SHIH C, WANG Y. Fundamentals of a vector form intrinsic finite element: part i. Basic procedure and a plane frame element[J]. Journal of mechanics, 2004, 20(2): 113-122.

[85] TING E C, SHIH C, WANG Y. Fundamentals of a vector form intrinsic finite element:

part ii. Plane solid elements[J]. Journal of mechanics，2004，20(2)：123-132.

[86] SHIH C，WANG Y，TING E C. Fundamentals of a vector form intrinsic finite element：part iii. Convected material frame and examples[J]. Journal of Mechanics，2004，20(2)：133-143.

[87] ZHANG Y，CHEN D，QIAN H. Computational method for the deformation mechanism of non-prestressed cable net structures based on the vector form intrinsic finite element method[J]. Engineering Structures，2021，231：111788.

[88] LIEN K H，CHIOU Y J，WANG R Z，et al. Vector form intrinsic finite element analysis of nonlinear behavior of steel structures exposed to fire[J]. Engineering structures，2010，32(1)：80-92.

[89] XU L，LIN M. Analysis of buried pipelines subjected to reverse fault motion using the vector form intrinsic finite element method[J]. Soil dynamics and earthquake engineering，2017，93：61-83.

[90] YU Y，LI Z，YU J，et al. Buckling analysis of subsea pipeline with integral buckle arrestor using vector form intrinsic finite thin shell element[J]. Thin-walled structures，2021，164：107533.

[91] HOU X，FANG Z，ZHANG X. Static contact analysis of spiral bevel gear based on modified VFIFE(vector form intrinsic finite element) method[J]. Applied mathematical modelling，2018，60：192-207.

[92] LI X，GUO X，GUO H. Vector form intrinsic finite element method for the two-dimensional analysis of marine risers with large deformations[J]. Journal of ocean university of China，2018，17(3)：498-506.

[93] LI X，GUO X，GUO H. Vector form intrinsic finite element method for nonlinear analysis of three-dimensional marine risers[J]. Ocean engineering，2018，161：257-267.

[94] LI X，CHEN D，GU H，et al. Three-dimensional vortex-induced vibration analysis of catenary-type risers under flow with different incident angles[J]. Ocean engineering，2021，240：109978.

[95] WU H，ZENG X，XIAO J，et al. Vector form intrinsic finite-element analysis of static and dynamic behavior of deep-sea flexible pipe[J]. International journal of naval architecture and ocean engineering，2020，12：376-386.

[96] LI X，WEI W，BAI F. A full three-dimensional vortex-induced vibration prediction model for top-tensioned risers based on vector form intrinsic finite element method[J]. Ocean engineering，2020，218：108140.

[97] GU H，GUO H，BAI F，et al. Study on the collision probability of vertical risers considering the wake interference effect[J]. Ocean engineering，2022，245：110583.

[98] CLUKEY E，GHOSH R，MOKARALA P，et al. Steel catenary riser(SCR) design issues

at touch down area[C]//Proceedings of the Sixteenth(2007) International Offshore and Polar Engineering Conference, Lisbon, Portugal: International Society of Offshore and Polar Engineers, 2007. 814-819.

[99] RANDOLPH M F, WHITE D. Pipeline embedment in deep water: processes and quantitative assessment[C]//Offshore Technology Conference, Houston, Texas, USA. 2008: 19128.

[100] AUBENY C, GAUDIN C, RANDOLPH M. Cyclic tests of model pipe in kaolin[C]// SPE Projects, Facilities & Construction, 2008: 19494.

[101] LANGFORD T E, AUBENY C P. Large scale soil-riser model testing on high plasticity clay[C]//Proceedings of the Eighteenth(2008) International Offshore and Polar Engineering Conference, Vancouver, BC, Canada: International Society of Offshore and Polar Engineers. 2008: 80-86.

[102] HODDER M S, CASSIDY M J, WHITE D J. Centrifuge modelling of riser-soil stiffness degradation in the touchdown zone of a steel catenary riser[C]//Proceedings of the ASME 27th International Conference on Offshore Mechanics and Arctic Engineering, Estoril, Portugal: American Society of Mechanical Engineers. 2008: 241-249.

[103] LANGFORD T, AUBENY C P. Model tests for steel catenary riser in marine clay[C]// Offshore Technology Conference, Houston, Texas, USA. 2008: 19495.

[104] HODDER M, WHITE D, CASSIDY M. Effect of remodling and reconsolidation on the touchdown stiffness of a steel catenary riser: guidance from centrifuge modelling[C]// Offshore Technology Conference, Houston, Texas, USA. 2009: 19 871.

[105] CLUKEY E C, YOUNG A G, DOBIAS J, et al. Soil response and stiffness laboratory measurements of SCR pipe/soil interaction[C]//Offshore Technology Conference, Houston, Texas, USA. 2008: 19 303.

[106] HU H J E, LEUNG C F, CHOW Y K, et al. Centrifuge modelling of SCR vertical motion at touchdown zone[J]. Ocean engineering, 2011, 38(7): 888-899.

[107] HU H J E, LEUNG C F, CHOW Y K, et al. Soil strength degradation due to SCR's vertical motion at touchdown zone[C]//Offshore Technology Conference, Kuala Lumpur, Malaysia. 2014: 3020-3028.

[108] CHEUK C Y, WHITE D J, BOLTON M D. Large-scale modelling of soil-pipe interaction during large amplitude cyclic movements of partially embedded pipelines[J]. Canadian geotechnical journal, 2007, 44(8): 977-996.

[109] CARDOSO C O, SILVEIRA R M S. Pipe-soil interaction behavior for pipelines under large displacements on clay soils - a model for lateral residual friction factor[C]//Offshore Technology Conference, Houston, Texas, USA. 2010: 2018-2032.

[110] CHEUK C Y, WHITE D J. Modelling the dynamic embedment of seabed pipelines[J].

Geotechnique, 2011, 61(1): 39-57.

[111] CHEUK C Y, WHITE D J. Centrifuge modelling of pipe penetration due to dynamic lay effects[C]//Proceedings of the ASME 27th International Conference on Offshore Mechanics and Arctic Engineering, Estoril, Portugal: American Society of Mechanical Engineers. 2008: 633-641.

[112] WHITE D J, CHEUK C Y. Modelling the soil resistance on seabed pipelines during large cycles of lateral movement[J]. Marine structures, 2008, 21(1): 59-79.

[113] BRUTON D A S, BOLTON M, CARR M, et al. Pipe-soil interaction with flowlines during lateral buckling and pipeline walking - the safebuck jip[C]//Offshore Technology Conference, Houston, Texas, USA. 2008: 19589.

[114] OROZCO M, FORAY P, NAUROY J. Pipe-soil horizontal dynamic stiffness in soft soils[C]//Proceedings of the Sixteenth(2007) International Offshore and Polar Engineering Conference, Lisbon, Portugal: International Society of Offshore and Polar Engineers. 2007: 1193-1198.

[115] RISMANCHIAN A, WHITE D J, RANDOLPH M F, et al. Shear strength of soil berm during lateral buckling of subsea pipelines[J]. Applied ocean research, 2019, 90: 101864.

[116] OLIPHANT J, MACONOCHIE A, WHITE D, et al. Trench interaction forces during lateral SCR movement in deepwater clays[C]//Offshore Technology Conference, Houston, Texas, USA. 2009: 19 944.

[117] MURFF J D, WAGNER D A, RANDOLPH M F. Pipe penetration in cohesive soil[J]. Geotechnique, 1989, 39(2): 213-229.

[118] EINAV I, RANDOLPH M F. Combining upper bound and strain path methods for evaluating penetration resistance[J]. International journal for numerical methods in engineering, 2005, 63(14): 1991-2016.

[119] AUBENY C P, SHI H, MURFF J D. Collapse loads for a cylinder embedded in trench in cohesive soil[J]. International journal of geomechanics, 2005, 5(4): 320-325.

[120] GAO F, WANG N, ZHAO B. Ultimate bearing capacity of a pipeline on clayey soils: slip-line field solution and fem simulation[J]. Ocean engineering, 2013, 73: 159-167.

[121] CHEUK C Y, WHITE D J, DINGLE H R C. Upper bound plasticity analysis of a partially-embedded pipe under combined vertical and horizontal loading[J]. Soils and foundations, 2008, 48(1): 133-140.

[122] RANDOLPH M F, WHITE D J. Upper-bound yield envelopes for pipelines at shallow embedment in clay[J]. Geotechnique, 2008, 58(4): 297-301.

[123] MARTIN C M, RANDOLPH M F. Upper-bound analysis of lateral pile capacity in cohesive soil[J]. Geotechnique, 2006, 56(2): 141-145.

[124] AUBENY C P, BISCONTIN G. Seafloor-riser interaction model[J]. International journal of geomechanics, 2009, 9(3): 133-141.

[125] SHIRI H. Response of steel catenary risers on hysteretic non-linear seabed[J]. Applied ocean research, 2014, 44: 20-28.

[126] 郑孟添,袁昱超,薛鸿祥,等. 浮体垂荡激励下深海悬链线立管触地端动力响应及沟槽发展研究 [J]. 振动与冲击,2020,39(21):34-41.

[127] LIU J, KIMIAEI M, RANDOLPH M. A new user defined element for nonlinear riser-soil interaction analysis of steel catenary riser systems[C]//Proceedings of the ASME 2016 35th International Conference on Ocean, Offshore and Arctic Engineering, Busan, South Korea: American Society of Mechanical Engineers. 2016:OMAE2016-OMAE54210.

[128] YUAN Y, ZHENG M, XUE H, et al. Nonlinear riser-seabed interaction response among touchdown zone of a steel catenary riser in consideration of vortex-induced vibration[J]. Ocean engineering, 2021, 227: 108 891.

[129] AKULA V M K, DATYE D. Implementation of a nonlinear riser-soil interaction model for ABAQUS[C]//Proceedings of the ASME 2015 34th International Conference on Ocean, Offshore and Arctic Engineering, St. John's, Newfoundland, Canada: American Society of Mechanical Engineers. 2015: OMAE2015-OMAE41201.

[130] YOU J, BISCONTIN G, AUBENY C P. Seafloor interaction with steel catenary risers[C]//Proceedings of the Eighteenth(2008) International Offshore and Polar Engineering Conference, Vancouver, BC, Canada: International Society of Offshore and Polar Engineers. 2008: 110-117.

[131] NAKHAEE A, ZHANG J. Effects of the interaction with the seafloor on the fatigue life of a SCR[C]//Proceedings of the Eighteenth(2008) International Offshore and Polar Engineering Conference, Vancouver, BC, Canada: International Society of Offshore and Polar Engineers. 2008: 87-93.

[132] NAKHAEE A, ZHANG J. Trenching effects on dynamic behavior of a steel catenary riser[J]. Ocean engineering, 2010, 37(2): 277-288.

[133] CHEN J, BAI X, VAZ M A. Dynamic behavior of steel catenary riser at the tdz considering soil stiffness degeneration and trench development[J]. Ocean engineering, 2022, 250: 110970.

[134] WANG K, XUE H, TANG W, et al. Fatigue analysis of steel catenary riser at the touchdown point based on linear hysteretic riser-soil interaction model[J]. Ocean engineering, 2013, 68: 102-111.

[135] HEJAZI R, KIMIAEI M. Equivalent linear soil stiffness in fatigue design of steel catenary risers[J]. Ocean engineering, 2016, 111: 493-507.

[136] HEJAZI R, GRIME A, RANDOLPH M, et al. Assessing the impact of riser-soil interac-

tion model on the fatigue life of large diameter SCRs[C]//Proceedings of the ASME 2018 37th International Conference on Ocean, Offshore and Arctic Engineering, Madrid, Spain: American Society of Mechanical Engineers. 2018: OMAE2018-OMAE78713.

[137] ROKNI H J, SHIRI H. An alternative vessel excitation algorithm to incorporate the trench effect into the fatigue analysis of steel catenary risers in the touchdown zone[J]. Applied ocean research, 2022, 126: 103 292.

[138] HODDER M S, WHITE D J, CASSIDY M J. An effective stress framework for the variation in penetration resistance due to episodes of remoulding and reconsolidation[J]. Geotechnique, 2013, 63(1): 30-43.

[139] ZHOU Z, WHITE D J, OLOUGHLIN C D. An effective stress framework for estimating penetration resistance accounting for changes in soil strength from maintained load, remoulding and reconsolidation[J]. Geotechnique, 2019, 69(1): 57-71.

[140] ZHOU Z, O' LOUGHLIN C D, WHITE D J. An effective stress analysis for predicting the evolution of SCR-seabed stiffness accounting for consolidation[J]. Geotechnique, 2020, 70(5): 448-467.

[141] HODDER M S, CASSIDY M J. A plasticity model for predicting the vertical and lateral behaviour of pipelines in clay[J]. Geotechnique, 2010, 60(4): 247-263.

[142] TIAN Y, CASSIDY M J. Modeling of pipe-soil interaction and its application in numerical simulation[J]. International journal of geomechanics, 2008, 8(4): 213-229.

[143] HU C, LIU H. A new bounding-surface plasticity model for cyclic behaviors of saturated clay[J]. Communications in nonlinear science and numerical simulation, 2015, 22(1): 101-119.

[144] JIN Z, LI Z, YIN Z, et al. Numerical modeling of soil–pipe interaction of single pipeline at shallow embedment in clay by hypoplastic macroelement[J]. Ocean engineering, 2021, 241: 110017.

[145] DONG Y, SUN L. Fatigue analysis of steel catenary risers based on a plasticity model[J]. Journal of marine science and application, 2015, 14(1): 76-82.

[146] ELOSTA H. Reliability-based fatigue analysis of steel catenary riser with seabed interaction[D]. Glasgow, United Kingdom: University of Strathclyde, 2013.

[147] KONG D, MARTIN C M, BYRNE B W. Sequential limit analysis of pipe-soil interaction during large-amplitude cyclic lateral displacements[J]. Geotechnique, 2018, 68(1): 64-75.

[148] KONG D, FENG L, ZHU B. Assessment model of pipesoil interaction during large-amplitude lateral displacements for deep-water pipelines[J]. Computers and geotechnics, 2020, 117:103220.

[149] CAI J, LE GROGNEC P. Lateral buckling of submarine pipelines under high temperature

and high pressure—a literature review[J]. Ocean Engineering, 2022, 244: 110254.

[150] 尤岩岩,白兴兰,王孟义. 平台运动激励下钢悬链式立管触地点动态分析 [J]. 海洋工程,2020,38(2):83-91.

[151] BRENNODDEN H, LIENG J T, SOTBERG T, et al. An energy-based pipe-soil interaction model[C]//Offshore Technology Conference, Houston, Texas, America. 1989: 6057.

[152] VERLEY R, LUND K M. A soil resistance model for pipelines placed on clay soils[C]//Proceedings of the 14th International Conference on Offshore Mechanics and Arctic Engineering(OMAE), Copenhagen, Denmark. 1995: 225-232.

[153] ZENG X, DUAN M. Mode localization in lateral buckling of partially embedded submarine pipelines[J]. International journal of solids and structures, 2014, 51(10): 1991-1999.

[154] ZHANG X, GUEDES SOARES C. Lateral buckling analysis of subsea pipelines on nonlinear foundation[J]. Ocean engineering, 2019, 186: 106085.

[155] CONSTANTINIDES Y, TRAN L, ENUGANTI P, et al. Steel catenary riser response identification based on field measurements[C]//Proceedings of the ASME 2011 30th International Conference on Ocean, Offshore and Arctic Engineering, Rotterdam, Netherlands: American Society of Mechanical Engineers. 2011: 877-882.

[156] CONSTANTINIDES Y, CHEN J, TRAN L, et al. Comparison of SCR field response with analytical predictions[C]//Proceedings of the ASME 2011 30th International Conference on Ocean, Offshore and Arctic Engineering, Rotterdam, Netherlands: American Society of Mechanical Engineers. 2011: 883-888.

[157] BRIDGE C, HOWELLS H, TOY N, et al. Full-scale model tests of a steel catenary riser[J]. Wit transactions on the built environment, 2003, 71: 107-116.

[158] WILLIS N R T, WEST P T J. Interaction between deepwater catenary risers and a soft seabed: large scale sea trials[C]//Offshore Technology Conference, Houston, Texas, USA. 2001: 13113.

[159] GIERTSEN E, VERLEY R, SCHRODER K. Carisima: a catenary riser/soil interaction model for global riser analysis[C]//23rd International Conference on Offshore Mechanics and Arctic Engineering, Vancouver, British Columbia, Canada: American Society of Mechanical Engineers. 2004: 633-640.

[160] BAI X, VAZ M A, MOROOKA C K, et al. Dynamic tests in a steel catenary riser reduced scale model[J]. Ships and offshore structures, 2017, 12(8): 1064-1076.

[161] WANG L, ZHANG J, YUAN F, et al. Interaction between catenary riser and soft seabed: large-scale indoor tests[J]. Applied ocean research, 2014, 45: 10-21.

[162] HODDER M S, BYRNE B W. 3 d experiments investigating the interaction of a model

SCR with the seabed[J]. Applied ocean research, 2010, 32(2): 146-157.

[163] DAI Y, ZHOU J. Experimental investigations on seismic response of riser in touchdown zone[J]. International journal of naval architecture and ocean engineering, 2018, 10(3): 348-359.

[164] TIANFENG Z, SHIXIAO F, TIANHAO W. Seabed stiffness influences and water damping effects on vibration of the touchdown zone in a steel catenary riser[J]. International journal of pressure vessels and piping, 2019, 170: 30-39.

[165] BHATTACHARYYA A, TOGNARELLI M A, LI G, et al. Simulation of SCR behavior at touchdown zone - part i: numerical analysis of global SCR model versus sectional SCR model[C]//Offshore Technology Conference, Rio De Janeiro, Brazil. 2011: 870-880.

[166] ELLIOTT B J, ZAKERI A, MACNEILL A, et al. Centrifuge modeling of steel catenary risers at touchdown zone part i: development of novel centrifuge experimental apparatus[J]. Ocean engineering, 2013, 60: 200-207.

[167] ELLIOTT B, PHILLIPS R, MACNEILL A, et al. Physical modelling of SCR in the touchdown zone under three axis motions[C]//Physical Modelling in Geotechnics-Gaudin & White, Perth, WA, Australia: Taylor and Francis - Balkema. 2014: 265-270.

[168] CLUKEY E C, TOGNARELLI M A, LI G, et al. Simulation of SCR behavior at touchdown zone - part ii: testing of a sectional SCR model in a geotechnical centrifuge[C]//Offshore Technology Conference, Rio De Janeiro, Brazil. 2011: 895-908.

[169] BARRETT J, PHILLIPS R, MACNEILL A. Comparative physical and numerical modeling of riser-seabed interaction[C]//Proceedings of the ASME 2015 34th International Conference on Ocean, Offshore and Arctic Engineering, St. John's, NL, Canada: American Society of Mechanical Engineers. 2015: OMAE2015-OMAE42087.

[170] ELLIOTT B J, ZAKERI A, BARRETT J, et al. Centrifuge modeling of steel catenary risers at touchdown zone part ii: assessment of centrifuge test results using kaolin clay[J]. Ocean engineering, 2013, 60: 208-218.

[171] LANGNER C G. Fatigue life improvement of steel catenary risers due to self-trenching at the touchdown point[C]//Offshore Technology Conference, Houston, Texas, USA. 2003: 448-458.

[172] LI F Z, LOW Y M. Fatigue reliability analysis of a steel catenary riser at the touchdown point incorporating soil model uncertainties[J]. Applied ocean research, 2012, 38: 100-110.

[173] WANG K, LOW Y M. A simple parametric formulation for the seabed trench profile beneath a steel catenary riser[J]. Marine structures, 2016, 45: 22-42.

[174] WANG K, LOW Y M. Study of seabed trench induced by steel catenary riser and seabed interaction[C]//Proceedings of the ASME 2016 35th International Conference on Ocean,

Offshore and Arctic Engineering，Busan，South Korea：American Society of Mechanical Engineers. 2016：1-8.

[175] ZHUANG S，SHI C，LOU M，et al. Improved empirical formulation for seabed trench and its influence on fatigue performance of steel catenary risers under directional waves and currents[J]. Applied ocean research，2023，130：103434.

[176] 娄敏,庄肃然,时晨. 海沟模型及钢悬链线立管疲劳寿命预测研究 [J]. 石油机械，2021,49(7):101-107.

[177] SHIRI H，RANDOLPH M. The influence of seabed response on fatigue performance of steel catenary risers in touchdown zone[C]//Proceedings of the ASME 2010 29th International Conference on Ocean，Offshore and Arctic Engineering，Shanghai，China：American Society of Mechanical Engineers. 2010：63-72.

[178] RANDOLPH M，BHAT S，JAIN S，et al. Modeling the touchdown zone trench and its impact on SCR fatigue life[C]//Offshore Technology Conference，Houston，Texas，USA. 2013：23975.

[179] LEIRA B J，KARUNAKARAN D，GIERTSEN E，et al. Analysis guidelines and application of a riser-soil interaction model including trench effects[C]//23rd International Conference on Offshore Mechanics and Arctic Engineering，Vancouver，British Columbia，Canada：American Society of Mechanical Engineers. 2004：955-962.

[180] DONG X，SHIRI H. Performance of non-linear seabed interaction models for steel catenary risers，part ii：global response[J]. Applied ocean research，2019，82：158-174.

[181] DONG X，SHIRI H. Performance of non-linear seabed interaction models for steel catenary risers，part i：nodal response[J]. Ocean engineering，2018，154：153-166.

[182] SHOGHI R，SHIRI H. Modeling touchdown point oscillation and its relationship with fatigue response of steel catenary risers[J]. Applied ocean research，2019，87：142-154.

[183] SHOGHI R，SHIRI H. Re-assessment of trench effect on fatigue performance of steel catenary risers in the touchdown zone[J]. Applied ocean research，2020，94：101989.

[184] Ricky T，Thanos M. Soil interaction effects on simple-catenary riser response[C]//Deepwater Pipeline & Riser Technology Conference，Houston，Texas，United States. 2001：15-24.

[185] REZAZADEH K，SHIRI H，ZHANG L，Et al. Seabed trench formation and its impact on fatigue life of steel catenary risers in touchdown area[C]//Proceedings of the Twenty-second(2012) International Offshore and Polar Engineering Conference，Rhodes，Greece：International Society of Offshore and Polar Engineers. 2012：268-274.

[186] EYSSAUTIER S，RYAN J，BROUARD Y，et al. Cost effective riser solutions for deepwater gas developments：steel lazy wave riser and tethered catenary riser[C]//Offshore Technology Conference，Kuala Lumpur，Malaysia：2018：28279.

[187] GEMILANG G，KARUNAKARAN D. Feasibility study of selected riser concepts in deep water and harsh environment[C]//Proceedings of the ASME 2017 36th International Conference on Ocean，Offshore and Arctic Engineering，Trondheim，Norway：American Society of Mechanical Engineers. 2017：OMAE2017-OMAE62453.

[188] KIM S，KIM M. Dynamic behaviors of conventional SCR and lazy-wave SCR for FPSOs In deepwater[J]. Ocean engineering，2015，106：396-414.

[189] 沈玉琦,尉志源,仲伟东,等. 缓波形钢悬链立管时域动力与疲劳分析 [J]. 船海工程，2018,47(3):164-168.

[190] WANG J，DUAN M. A nonlinear model for deepwater steel lazy-wave riser configuration with ocean current and internal flow[J]. Ocean engineering，2015，94：155-162.

[191] WANG J，DUAN M，HE T，et al. Numerical solutions for nonlinear large deformation behaviour of deepwater steel lazy-wave riser[J]. Ships and offshore structures，2014，9(6)：655-668.

[192] LAL M，WANG F，LU X，et al. Strength and fatigue performance of steel lazy wave risers with change in configuration parameters[C]//Proceedings of the ASME 2019 38th International Conference on Ocean，Offshore and Arctic Engineering，Glasgow，Scotland，United kingdom：American Society of Mechanical Engineers. 2019：OMAE2019-OMAE95135.

[193] RUAN W，SHI J，SUN B，et al. Study on fatigue damage optimization mechanism of deepwater lazy wave risers based on multiple waveform serial arrangement[J]. Ocean engineering，2021，228：108 926.

[194] THOMAS B，BENIRSCHKE A，Sarkar T. Parque das Conchas(bc-10) steel lazy wave riser installation：pre-abandonment，recovery and transfer challenges[C]//Offshore Technology Conference，Houston，Texas，USA. 2010：20605.

[195] WANG J，DUAN M，LUO J. Mathematical model of steel lazy-wave riser abandonment and recovery in deepwater[J]. Marine structures，2015，41：127-153.

[196] WANG Y，DUAN M，GU J. Analytical model for transfer process of deepwater steel lazy-wave riser on elastic seabed[J]. Journal of marine science and technology(Japan)，2019，24(1)：123-133.

[197] 王金龙. 深水钢质懒波形立管研究进展 [J]. 油气储运,2022,41(7):773-779.

[198] SEBASTIAN A A，LAL M，RANA Y K. Introducing a novel shaped steel catenary riser for deepwater applications[C]//Offshore Technology Conference，Houston，TX，United states. 2023：32179.

[199] LUDIMAR L D A，FABIO M D M I，MOURELLE MARTINS M. Hydrodynamic damper for catenary riser：WO2011041860-A1[P]. 2011-04-14.

[200] CARDOSO P H S，CASAPRIMA N A G，SENHORA F V，et al. Optimization of cate-

nary risers with hydrodynamic dampers[J]. Ocean engineering, 2019, 184: 134-142.

[201] ELSAS J H, CASAPRIMA N A G, CARDOSO P H S, et al. Bayesian optimization of riser configurations[J]. Ocean Engineering, 2021, 236: 109402.

[202] XING L, YEUNG H, SHEN J, et al. Numerical study on mitigating severe slugging in pipeline/riser system with wavy pipe[J]. International journal of multiphase Flow, 2013, 53: 1-10.

[203] MA B, SRINIL N. Planar dynamics of inclined curved flexible riser carrying slug liquid–gas flows[J]. Journal of Fluids and Structures, 2020, 94: 102911.

[204] DONG X, SHIRI H. The influence of nonlinear hysteretic seabed interaction on slug-induced stress oscillations in steel catenary risers[J]. Applied ocean research, 2019, 82: 175-190.

[205] ORTEGA A, RIVERA A, LARSEN C M. Slug flow and waves induced motions in flexible riser[J]. Journal of offshore mechanics and arctic engineering, 2018, 140(1):011703.

[206] JEONG H, JANG B, DU KIM J, et al. A study on effects of slug flow on dynamic response and fatigue damage of risers[J]. Ocean engineering, 2020, 217: 107965.

[207] SINGHA A, AGARWAL P, XU W, et al. Shape optimization of steel lazy wave risers for slugging fatigue[C]//Offshore Technology Conference, Houston, TX, USA. 2022: 32022.

[208] CAMPBELL B, AGARWAL P, CURTIS C, et al. Slugging fatigue assessment for steel lazy wave risers[C]//Offshore Technology Conference, Houston, TX, USA. 2021: 30922.

[209] WANG J, DUAN M, HE R. A nonlinear dynamic model for 2 d deepwater steel lazy-wave riser subjected to topend imposed excitations[J]. Ships and offshore structures, 2018, 13(3): 330-342.

[210] SENRA S F, MOURELLE M M, DE ANDRADE E Q, et al. Challenges faced in the design of SLWR configuration for the pre-salt area[C]//Proceedings of the ASME 2011 30th International Conference on Ocean, Offshore and Arctic Engineering, Rotterdam, The Netherlands: American Society of Mechanical Engineers. 2011: 67-75.

[211] XIA J, DAS P K, KARUNAKARAN D. A parametric study for the design of steel catenary riser system in deepwater harsh environments[C]//Proceedings of the ASME 27th International Conference on Offshore Mechanics and Arctic Engineering, Estoril, Portugal: American Society of Mechanical Engineers. 2008: 153-164.

[212] WESTGATE Z J, RANDOLPH M F, WHITE D J, et al. The influence of sea state on as-laid pipeline embedment: a case study[J]. Applied ocean research, 2010, 32(3): 321-331.